Italiano essenziale 2

Fundamentals of Italian

Maria Procopio-Demas

World Language Department
Newton North High School
Newton, Massachusetts

Mariastella Cocchiara

Chair, World Language Department
Melrose High School
Melrose, Massachusetts

AMSCO SCHOOL PUBLICATIONS, INC.
315 Hudson Street / New York, N.Y. 10013

To our husbands,
Mark and Frederick,
with love

Text and Cover Design by Meghan Shupe Designs
Illustrations by Felipe Galindo and by Hadel Studio

Please visit our Web site at: *www.amscopub.com*

When ordering this book, please specify *either* **R 130 W** *or*
ITALIANO ESSENZIALE 2: FUNDAMENTALS OF ITALIAN

ISBN: 978-1-56765-435-6 / *NYC Item 56765-435-5*

Printed in the United States of America

1 2 3 4 5 6 7 8 9 10   14 13 12 11 10 09

Preface

Italiano essenziale 2 has been prepared for students who are in their second year of Italian language study. It offers learners a comprehensive review and thorough understanding of the elements of the Italian language that are generally covered in a second-year course. It may be used independently for review or practice, or as a supplement to any basal textbook.

ORGANIZATION

Italiano essenziale 2 consists of 12 chapters, each organized around related grammar topics. For ease of study and use, concise and clear explanations of the grammatical concepts are followed by examples. Care has been taken to avoid complex structural elements and to present the practice exercises through contexts of daily language usage.

EXERCISES

To maximize efficiency in learning, the exercises follow the grammatical explanations and examples. In order to make the exercises meaningful and to encourage the student to use the language in real-life communication, the exercises are set in a variety of everyday settings. Many of the exercises are also personalized to stimulate original student response.

VOCABULARY

The vocabulary in this book consists of words most frequently found in a second-year Italian course. When more extensive or broader vocabulary is used in an exercise, a section entitled **PER ESPRIMERSI MEGLIO** appears before that exercise. An Italian-English vocabulary also appears at the end of the book.

FLEXIBILITY AND OTHER FEATURES

The topical organization and the concise explanations followed by examples in each chapter permit the teacher to follow any sequence suitable to the needs of the students and the objectives of the course. This flexibility is facilitated by the detailed table of contents at the front of the book. The Appendix features complete model verb tables and the principal parts of common irregular verbs covered in the book, as well as basic rules of syllabication, punctuation, and pronunciation. Both students and teachers will find the layout and organization of the book easy to follow. Its design is intended to facilitate communicative use of the language while ensuring that students master the basic structures of the language.

The Authors

Contents

CHAPTER 1
Review of Verbs

1. Present (*Presente*) Tense of Regular Verbs

a. The present tense of verbs is formed by relacing the infinitive ending -*are*, -*ere* and -*ire* with the specific ending for each subject pronoun.

SUBJECT PRONOUNS	-ARE	-ERE	-IRE
io	-o	-o	-o
tu	-i	-i	-i
lui/lei	-a	-e	-e
Lei	-a	-e	-e
noi	-iamo	-iamo	-iamo
voi	-ate	-ete	-ite
loro	-ano	-ono	-ono
Loro	-ano	-ono	-ono

NOTES: 1. For some -*ire* verbs (like *finire*) you must insert -*isc* between the stem and the ending for all forms except the *noi* and *voi* forms. (*finisco, finisci, finisce, finiamo, finite, finiscono*)

2. (a) To make a statement negative you need only to add *non* in front of the verb.
   (b) To turn a statement into a question you need only to add a question mark at the end of the statement.

EXERCISE A   **Ricordate i verbi?**   Conjugate the following.

parlare *to speak*   vedere *to see*   dormire *to sleep*

_____   _____   _____

_____   _____   _____

_____   _____   _____

_____   _____   _____

_____   _____   _____

_____   _____   _____

_____   _____   _____

| EXERCISE B | **Pratichiamo il presente.** Complete each sentence with the present tense of the verb in parentheses. Then translate the sentence into English. |

EXAMPLE: (*parlare*)   Io **parlo** bene l'italiano.   *I speak English well.*

1. (*comprare*)   I ragazzi _____ una bibita al bar.

   _____

2. (*vendere*)   Mio padre _____ la vecchia automobile.

   _____

3. (*chiudere*)   Tu ed Angela _____ la porta a chiave.

   _____

4. (*mandare*)   Angela _____ una cartolina all'amica?

   _____

5. (*lavare*)   Noi _____ i piatti ogni sera dopo cena.

   _____

6. (*trovare*)   Carlo e Pietro _____ gli amici al parco.

   _____

7. (*costruire*)   Loro non _____ una nuova casa.

   _____

8. (*credere*)   Voi _____ alle sue parole?

   _____

9. (*partire*)   Il treno _____ alle venti.

   _____

10. (*ordinare*)   Noi _____ cappuccino e un cornetto.

    _____

11. (*ricordare*)   Io _____ tutto!

    _____

12. (*pagare*)   Noi _____ il conto.

    _____

13. (*lavorare*)   Dove _____ tuo padre?

    _____

14. (*capire*)   Paola e io non _____ bene questa lezione.

_____

15. (*giocare*)   La bambina _____ con la sua bambola.

_____

16. (*prendere*) Marco _____ il treno per Boston.

_____

17. (*chiedere*) Tu _____ informazioni al poliziotto.

_____

18. (*aprire*)   Gli studenti _____ il libro alla prima pagina.

_____

19. (*sentire*)   Io _____ tutto quello che dice il professore.

_____

20. (*perdere*)   Angelo _____ sempre le sue chiavi.

_____

2.   Present Tense of Irregular Verbs

Here is a review of the conjugation of the present tense of some irregular verbs:

essere	*to be*	sono, sei, è, siamo, siete, sono
avere	*to have*	ho, hai, ha, abbiamo, avete, hanno
andare	*to go*	vado, vai, va, andiamo, andate, vanno
stare	*to stay/be*	sto, stai, sta, stiamo, state, stanno
fare	*to do*	faccio, fai, fa, facciamo, fate, fanno
dare	*to give*	do, dai, dà, diamo, date, danno
bere	*to drink*	bevo, bevi, beve, beviamo, bevete, bevono
volere	*to want*	voglio, vuoi, vuole, vogliamo, volete, vogliono
potere	*to be able to*	posso, puoi, può, possiamo, potete, possono
dovere	*to have to*	devo, devi, deve, dobbiamo, dovete, devono
sapere	*to know*	so, sai, sa, sappiamo, sapete, sanno
dire	*to say*	dico, dici, dice, diciamo, dite, dicono
uscire	*to go out*	esco, esci, esce, usciamo, uscite, escono
venire	*to come*	vengo, vieni, viene, veniamo, venite, vengono

---

EXERCISE C Answer the following questions.

EXAMPLE: Dove sei adesso?   **Adesso sono a scuola.**

1. Quanti fratelli hai? _____

2. Sei serio o umoristico? _____

3. A che ora esci di casa la mattina? _____

4. Puoi uscire con gli amici stasera? _____

5. Dove vai oggi dopo scuola? _____

6. Come vieni a scuola ogni giorno? _____

7. Che cosa fai per aiutare in casa? _____

8. A chi dici tutto? _____

9. Che cosa devi fare questo weekend? _____

10. Sai cucinare una specialità italiana? _____

11. Dove vuoi andare in vacanza quest'anno? _____

EXERCISE D **Ripasso** Translate the following verbs into Italian.

EXAMPLE: We pay.   **Noi paghiamo.**

1. We eat. _____
2. They read. _____
3. All of you* live. _____
4. You* understand. _____
5. She writes. _____
6. You* speak. _____
7. All of you* arrive. _____
8. I sleep. _____
9. He prefers. _____
10. I finish. _____
11. They decide. _____
12. We open. _____
13. She cleans. _____
14. I love. _____
15. You* walk. _____
16. She dances. _____
17. All of you* celebrate. _____
18. We go out. _____

19. You* finish.   _____   25. He feels.   _____

20. We offer.   _____   26. I sell.   _____

21. He cries.   _____   27. They understand.   _____

22. We go.   _____   28. He plays (the piano). _____

23. They make.   _____   29. She plays (tennis).   _____

24. You* drink.   _____   30. You* want.   _____

*List all possible conjugations (formal and informal).

EXERCISE E   **La mia giornata!**   List in Italian 15 activities in which you are involved every day (do not repeat any verbs).

EXAMPLE: **Mangio il mio lunch alla mensa.**

1. _____

2. _____

3. _____

4. _____

5. _____

6. _____

7. _____

8. _____

9. _____

10. _____

11. _____

12. _____

13. _____

14. _____

15. _____

EXERCISE F	**Al ristorante** Complete the following passage using the verbs listed below.

è	vogliamo	dobbiamo	siamo	telefona	prendere
ordino	abbiamo	viene	vuole	arriviamo	preferiscono

Stasera io e i miei cugini _____ andare a cenare insieme alla pizzzeria *Tre Fontane*.

1.

Tamara _____ per prenotare un tavolo per le 20 ma quando _____ , come

2.   3.

al solito, la piccola pizzeria _____ molto affollata ed allora _____ aspettare

4.   5.

parecchi minuti prima di entrare. Tutti _____ una grande fame e _____

6.   7.

impazienti di entrare. Una volta dentro, il cameriere _____ subito al nostro tavolo a

8.

_____ le ordinazioni. Io _____ una capricciosa, i bambini _____ la

9.   10.   11.

margherita e Annarita invece _____ un calzone con spinaci. Buon appetito a tutti!

12.

3.   *Passato Prossimo* with *AVERE* and *ESSERE*

a. In Italian the present perfect tense or *passato prossimo* is formed by using the present tense of the helping verbs *avere* or *essere* (also known as auxiliary verbs) and the past participle *(participio passato)* of the verb in question. To form the past participle, replace the infinitive ending as shown in the following table.

-are	-ere	-ire
-ato	-uto	-ito

b. Transitive verbs, that is, verbs that can take a direct object pronoun, use *avere* as the auxiliary in the present perfect.

EXAMPLES: **Io ho mangiato una mela.**   *I ate an apple.*

Tu hai finito i compiti.   *You finished the homework.*

Noi abbiamo venduto la casa.   *We sold the house.*

c. Intransitive verbs, that is, verbs that cannot take a direct object pronoun, use *essere* as the auxiliary in the present perfect. Don't forget that when you use *essere* as the helping verb, the past participle agrees in gender and number with the subject (-*ato, -ata, -ati, -ate*).

EXAMPLES: **Lui è andato a Boston.**   *He went to Boston.*

           Lei è caduta davanti la scuola.   *She fell in front of the school.*

           Noi siamo partiti ieri sera presto.   *We left early last night.*

PASSATO PROSSIMO	
IMPARARE	CADERE
io ho imparato	io sono caduto(a)
tu hai imparato	tu sei caduto(a)
lui ha imparato	lui è caduto
lei ha imparato	lei è caduta
noi abbiamo imparato	noi siamo caduti(e)
voi avete imparato	voi siete caduti(e)
loro hanno imparato	loro sono caduti(e)

d. The *passato prossimo* is often accompanied by the following expressions of time.

ieri   *yesterday*

ieri sera   *last night*

la settimana scorsa   *last week*

il mese scorso   *last month*

l'anno scorso   *last year*

una settimana fa   *a week ago*

due mesi fa   *two months ago*

tre anni fa   *three years ago*

EXERCISE G   Complete the following sentences with the present perfect of the verb in parentheses.

EXAMPLE: (*pagare*)   Mario **ha pagato** il conto.

1. (*cantare*)   Giulio _____ una canzone.

2. (*giocare*)   Carla e Enzo non _____ a calcio ieri.

3. (*dormire*)   I bambini _____ dopo la colazione.

4. (*credere*)   Io non _____ alle sue parole.

5. (*ascoltare*)   La ragazza _____ musica italiana

6. (*pulire*)   Noi _____ la lavagna.

7. (*preparare*)   Tu _____ una cena squisita

8. (*ricevere*)   Marco _____ un bel regalo, vero?

9. (*perdere*)   Peccato! Voi _____ il campionato.

10. (*capire*)   Io ed Anna non _____ niente!

11. (*ripetere*)   Loro _____ le parole in Italiano

12. (*guardare*)   Andrea, _____ la televisione ieri sera?

13. (*sentire*)   Tu e Paola _____ tutto chiaramente.

14. (*comprare*)   Lei _____ il cibo al supermercato.

15. (*avere*)   Io non _____ paura dei tuoni.

EXERCISE H   **Ancora un pò di pratica**   Complete the following sentences with the verb in the present perfect.

EXAMPLE: (*andare*)   Dove **siete andati** dopo il cinema voi?

1. (*arrivare*)   Carmela _____ tardi stamattina.

2. (*partire*)   Luigi _____ la settimana scorsa.

3. (*diventare*)   Tu _____ un avvocato importante.

4. (*ritornare*)   Voi _____ dal centro in autobus.

5. (*entrare*)   Noi _____ in classe insieme.

6. (*venire*)   A che ora _____ a scuola tutti voi?

7. (*andare*)   Il bambino _____ in gita allo zoo.

8. (*stare*)   Io _____ in vacanza dai nonni.

9. (*uscire*)   Mia madre _____ da casa presto.

10. (*salire*)   Lei _____ all'ultimo piano in ascensore.

11. (*restare*)   Tu non _____ a casa da solo.

12. (*costare*)   Quanto _____ il biglietto?

4.   Irregular Past Participles

Remember that many verbs have an irregular past participle. Here is a table to review them.

essere	**stato**	morire	**morto**
nascere	**nato**	chiedere	**chiesto**
fare	**fatto**	aprire	**aperto**
dire	**detto**	coprire	**coperto**
leggere	**letto**	offrire	**offerto**
scrivere	**scritto**	rimanere	**rimasto**
rompere	**rotto**	soffrire	**sofferto**
correggere	**corretto**	rispondere	**risposto**
correre	**corso**	venire	**venuto**
spendere	**speso**	bere	**bevuto**
prendere	**preso**	conoscere	**conosciuto**
mettere	**messo**	decidere	**deciso**
chiudere	**chiuso**	succedere	**successo**
scendere	**sceso**	vincere	**vinto**

NOTE: *vedere* and *perdere* have two participles — a regular and an irregular form.

vedere **veduto visto**   perdere **perduto perso**

EXERCISE I   **Mettiamo tutto insieme**   Let's put together all that we have learned about the present perfect. Complete the following sentences.

1. (*leggere*)   Ieri gli studenti _____ una novella di Boccaccio.

2. (*telefonare*) Sabato scorso Anna mi _____ prima di partire.

3. (*andare*)   Venerdì sera io e Carlo _____ al cinema.

4. (*finire*)   Elena, perchè non _____ i tuoi compiti?

5. (*ordinare*)   Voi _____ delle pizze e da bere.

6. (*partire*)   I miei amici _____ per una vacanza all'estero.

7. (*arrivare*)   Stamattina io _____ a scuola in anticipo.

8. (*comprare*)   Mamma _____ tutto per la cena.

9. (*uscire*)   A che ora _____ (voi) ieri sera?

10. (*viaggiare*)   L'estate scorsa la mia famiglia _____ in Europa.

11. (*ricevere*)   L'anno scorso io _____ buoni voti.

12. (*essere*)   Paolo, dove _____ questo weekend?

13. (*avere*)   Paolo _____ molti amici alla sua festa.

14. (*morire*)   La vittima _____ prima di arrivare in ospedale.

15. (*nascere*)   Mio nonno _____ in Italia.

16. (*ritornare*)   Andrea e Marina _____ a casa prima di mezzanotte.

17. (*regalare*)   Che cosa _____ (tu) alla tua famiglia per Natale?

18. (*diventare*)   Il Dottor Marcuccio _____ un chirurgo famoso.

19. (*entrare*)   Io _____ in classe per primo.

20. (*lavorare*)   Noi _____ tutto il pomeriggio.

EXERCISE J   **Una vacanza indimenticabile!**   Think back to an unforgettable vacation and write a paragraph of no less than six sentences describing where you went, with whom, what you did, what you saw, etc.

_____

_____

_____

_____

_____

_____

_____

_____

_____

_____

_____

_____

_____

_____

EXERCISE K   **Ripassiamo con un cruciverba.** Complete the following crossword puzzle with the irregular past participles of the infinitives listed below.

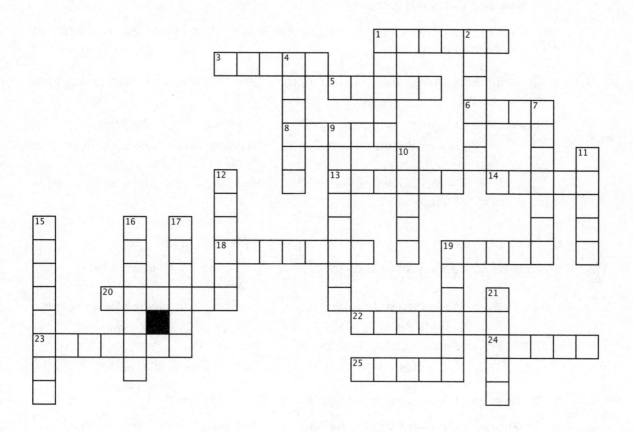

Orizzontali

1. decidere
3. scendere
5. fare
6. nascere
8. leggere
13. accendere
14. prendere
18. rimanere
19. vedere
20. bere
22. vivere
23. scrivere
24. rompere
25. vincere

Verticali

1. dire
2. spegnere
4. scegliere
7. offrire
9. tradurre
10. mettere
11. morire
12. aprire
15. rispondere
16. chiedere
17. chiudere
19. venire
21. correre

5.   *Da Quanto Tempo . . .*

The expression *da quanto tempo . . .* is used to convey an action or activity that began some time ago and is still going on.

Note that the verb in Italian is in the present tense, while in English it is expressed with the present perfect tense.

a. In the interrogative it asks for the length of time that you have been doing something.

EXAMPLES: **Da quanto tempo sei qui?**	*How long have you been here?*
Da quanto tempo suoni il pianoforte?	*How long have you been playing the piano?*
Da quanto tempo parlate al telefono?	*How long have you been on the phone?*

b. In the affirmative you answer by using **da** + expression of time.

EXAMPLES: **Faccio i compiti da tre ore.**	*I have been doing homework for three hours.*
Maria lavora da sei mesi.	*Maria has been working for six months.*
Viaggiamo da stamattina.	*We have been traveling since this morning.*
Vivo a Boston da sempre.	*I have always lived in Boston.*

c. In the negative you express the last time that you did something.

EXAMPLES: **Non vanno al cinema da tre settimane.**	*They haven't been to the movies in three weeks.*
Non parla con Luca da ieri.	*He hasn't spoken to Luca since yesterday.*
Non mangio da stamattina.	*I haven't eaten since this morning.*

EXERCISE L   Da quanto tempo non . . . ?   When was the last time that you did the following?

EXAMPLE: Sent a card   **Non mando una cartolina dal Natale scorso.**

1. Bought a book   _____

2. Took a vacation   _____

3. Made a phone call   _____

4. Listened to the radio   _____

5. Visited a relative   _____

6. Went to the library   _____

7. Took the train   _____

8. Watched a foreign film   _____

9. Drank milk   _____

10. Ate a salad   _____

EXERCISE M   **Lavoriamo insieme**   Working with a partner, take turns asking each other for the information indicated below and record your partner's answer.

EXAMPLE: Attend this school

      (Q) **Da quanto tempo frequenti questa scuola?**
      (A) **Frequento questa scuola da un anno.**

1. Have studied Italian

    (Q) _____

    (A) _____

2. Have worked

    (Q) _____

    (A) _____

3. Have lived in this city

    (Q) _____

    (A) _____

4. Have known the teacher

    (Q) _____

    (A) _____

5. Have been in this class

    (Q) _____

    (A) _____

6. Have been playing a sport

    (Q) _____

    (A) _____

7. Have known your best friend

   (Q) _____

   (A) _____

8. Have been driving

   (Q) _____

   (A) _____

CHAPTER 2
Review of Nouns, Adjectives, Articles, Prepositions, Contractions

1. Gender of Nouns

In Italian nouns are either masculine (*maschile*) or feminine (*femminile*). Generally,

- Masculine nouns end in -*o*.

  il giardino   **l'ufficio**   **il corridoio**

- Feminine nouns end in -*a*.

  la mensa   **l'aula**   **la zia**

- Nouns that end in -*e* can be either masculine or feminine. The gender must be memorized.

  la parete (feminine)   **il sole** (masculine)

- Some nouns that end in -*e* in the masculine change to -*essa* in the feminine.

  lo studente → **la studentessa**

- Most nouns that end in -*zione* are feminine.

  la lezione   **la situazione**   **la stazione**

- Most nouns ending in -*ore* are masculine.

  il fiore   **il colore**   **il pittore**

2. Plural of Nouns

To make the plural of nouns, change the last vowel according to the following table.

SINGULAR	PLURAL
-a	-e
-o	-i
-e	-i

EXAMPLES: scuola   →   scuole
           libro   →   libri
           professore →   professori

a. Nouns that end in -*io* retain only one -*i* in the plural.

l'eserci**zio** → gli eserci**zi**

b. Nouns that end in *-ca* and *-ga*, in order to retain their sound, end in *-che* and *-ghe* in the plural.

l'ami**ca** → le ami**che**

la ri**ga** → le ri**ghe**

c. Nouns that end in *-co* and *-go* usually change to *-chi* and *-ghi* in the plural if the stress is on the syllable preceding *-co* and *-go*.

EXAMPLES: banco → ban**chi**   lago → la**ghi**

simpati**co** → simpati**ci**   psicolo**go** → psicolo**gi**

EXCEPTIONS: **amico** → **amici**

greco → **greci**

nemico → **nemici**

porco → **porci**

d. Nouns that end in an accented vowel DO NOT change in the plural.

la città → **le città**   **il bebè** → **i bebè**

e. Nouns that end in a consonant DO NOT change in the plural.

il camion → **i camion**   **lo sport** → **gli sport**

f. Abbreviated nouns

l'auto → **le auto**   **la bici** → **le bici**

3.   Irregular Plural of Nouns

a. Some masculine nouns change gender in the plural form. Many of these nouns refer to parts of the body.

SINGULAR		PLURAL	
il braccio	arm	le braccia	arms
il dito	finger	le dita	fingers
il labbro	lip	le labbra	lips
l'osso	bone	le ossa	bones
il ciglio	eyelash	le ciglia	eyelashes
il sopracciglio	eyebrow	le sopracciglia	eyebrows
il ginocchio	knee	le ginocchia	knees
il paio	pair	le paia	pairs
l'uovo	egg	le uova	eggs

b. Other common nouns with irregular plural forms

SINGULAR		PLURAL	
la mano*	*hand*	**le mani**	*hands*
l'uomo	*man*	**gli uomini**	*men*
il programma	*program*	**i programmi**	*programs*
il problema	*problem*	**i problemi**	*problems*
il sistema	*system*	**i sistemi**	*systems*
la crisi	*crisis*	**le crisi**	*crises*
*La mano is a feminine noun ending in **-o**.			

4.   Plural of Adjectives

The plural form of adjectives is formed the same way as with nouns. See table in Section 2.

noiosa → noiose   grande → grandi   noioso → noiosi

5.   Position of Adjectives

In Italian adjectives normally follow the noun. However, some adjectives may precede the noun. They are adjectives relating to *goodness* (buono, cattivo), *beauty* (bello, brutto), *age* (giovane, vecchio, nuovo), *number* (primo, secondo, ultimo), and *size* (grande, piccolo).

un amico vecchio   *(age)*   **un vecchio amico**   *(time relationship)*

EXERCISE A   **Il plurale**   Give the plural form of the following nouns and adjectives.

EXAMPLE: finestra chiusa   **finestre chiuse**

1. Ragazzo alto   _____

2. Bambina carina   _____

3. Zaino grande   _____

4. Amico intelligente   _____

5. Parete colorata   _____

6. Banco sporco   _____

7. Amica simpatica   _____

8. Programma interessante _____

9. Compito lungo   _____

10. Edificio grande   _____

11. Madre intelligente   _____

12. Sedia comoda   _____

13. Libro nuovo   _____

14. Compagno simpatico   _____

15. Cappello grande   _____

| EXERCISE B | **Descrizioni.**   Describe each noun using the adjective in parentheses. Pay close attention to the position of the adjectives.

EXAMPLE: Ho una casa. (piccolo)   Ho una **piccola** casa.

1. Ho una macchina.   (nuovo)   _____

2. Ho una borsa.   (rosso)   _____

3. Ho due libri.   (grande)   _____

4. Ho un amico.   (vecchio)   _____

5. Ho uno zio.   (buono)   _____

6. Ho due professori.   (giovane) _____

7. Ho un telefonino.   (nuovo)   _____

8. Ho due nonne.   (simpatico)   _____

9. Ho una camera.   (piccolo)   _____

10. Ho due classi.   (noioso)   _____

| EXERCISE C | Complete the paragraph below with the correct form of the adjective indicated.

Giacomo è un ragazzo che abita in una _____ città vicino a Roma. Lui
                                         1. (old)

è _____ , ha gli occhi _____ e i capelli _____ . Gli amici di
   2. (tall)   *3. (green)*   *4. (long)*

Giacomo dicono che lui è sempre _____ e _____ . I suoi professori di-
                                   5. (kind)   *6. (generous)*

cono che lui è uno studente _____ ed _____ .
                             7. (nice)   *8. (intelligent)*

| EXERCISE D | **Cosa manca?** Write the missing articles and endings. Make all the necessary agreements. |

EXAMPLE: **La cingomma è buona**.

1. _____ parete è alt_____ .

2. _____ studente è buon_____ .

3. _____ casa è verd_____ .

4. _____ padri sono alt_____ .

5. _____ bell_____ ragazza è intelligent_____ .

6. _____ giornale è vecchi_____ .

7. _____ vecchi_____ computer è rott_____ .

8. _____ compiti sono lungh_____ .

9. _____ mamma è fort_____ .

10. _____ italiani sono simpatic_____ .

6.   Definite Article (the)

SINGULAR	PLURAL	SINGULAR	PLURAL
il →	i	il giorno	i giorni
lo →	gli	lo zero	gli zeri
l' ↗		l'animale	gli animali
↘		l'anatra	le anatre
la →	le	la sedia	le sedie

| EXERCISE E | **I monumenti d'Italia**   Place the correct definite article in front of each noun. |

_____ Italia ha molti monumenti; opere pubbliche con valore storico, artistico e culturale. A
  1.

Roma, per esempio, troviamo _____ Colosseo e _____ Piazza di Spagna. A Milano, ci sono
                              2.   3.

_____ Duomo e _____ Teatro alla Scala e a Venezia c'è _____ Canal Grande, _____ via
  4.   5.   6.   7.

principale della città. Firenze ha _____ Ponte Vecchio e _____ Galleria degli Uffizi. Questi
                                 8.   9.

monumenti sono famosi in tutto _____ mondo.
                             10.

EXERCISE F   **Ancora il plurale!**   Change the following sentences to the plural form. Pay close attention to irregular nouns.

EXAMPLE: Il collega è bravo.   **I colleghi sono bravi.**

1. La nave è francese. _____.

2. La stazione è piccola. _____.

3. Il grande ospedale è vicino. _____.

4. La stazione è lontana. _____.

5. Il fiume è sporco. _____.

6. La partita è lunga. _____.

7. Il mio braccio è rotto. _____.

8. La camicia è verde. _____.

9. Sulla mia frutta c'è una mosca! _____!

10. La mia collega è stanca. _____.

11. La crisi economica è seria. _____.

12. L'uovo è fresco. _____.

13. La mia mano è grande. _____.

14. Questa radio è nuova. _____.

15. Il mio dito è rotto. _____.

7.   Simple Prepositions

Prepositions establish the relationship between two words. These are simple prepositions and their basic English meaning.

a	*to, at, in* (It is also used to express *in* for a month or a city)
di (d')	*of, about, 's* (the possessive form)
in	*in, into*
su	*on*
da	*from, by*
con	*with*
tra, fra	*between*
per	*for, in order to*

REMEMBER: The simple preposition is used with these nouns:
a casa, a scuola, in città, in chiesa, in classe;
and with modes of transportation:
in macchina, in bicicletta, in autobus, etc.

EXERCISE G	**Alla ricerca di una preposizione** Complete each sentence with the preposition that makes most sense.

EXAMPLE: Vado **a** scuola da lunedì a venerdì.

1. Venerdì sera esco _____ i miei amici.

2. Anna, ho comprato questo regalo _____ il tuo compleanno.

3. Mio padre arriva _____ casa stanco dopo una lunga giornata.

4. Hanno viaggiato _____ treno fino a Washington DC.

5. _____ me e mio fratello ci sono tre anni di differenza.

6. L'automobile _____ mia madre è una Corolla grigia.

7. Ci incontriamo _____ piazza ogni sera dopo cena.

8. Gli astronauti sono arrivati _____ Marte per studiare il pianeta.

8.   Contractions of the Prepositions

The prepositions *a, di, in, su,* and *da* contract with the definite articles as follows:

PREPOSITION	ARTICLES						
	SINGULAR				PLURAL		
	il	lo	la	l'	i	gli	le
a	al	allo	alla	all'	ai	agli	alle
di	del	dello	della	dell'	dei	degli	delle
in	nel	nello	nella	nell'	nei	negli	nelle
su	sul	sullo	sulla	sull'	sui	sugli	sulle
da	dal	dallo	dalla	dalla	dai	dagli	dalle

NOTE: Proper nouns and names of cities do not take an article, therefore simple prepositions are used in front of them.

PECULIARITY OF THE PREPOSITIONS:

- The forms of *di* are used to express the partitive *some*.

  EXAMPLE: mangio **della** torta

- *Da* is used to express someone's residence or place of business.

  EXAMPLES: Vado **da** Maria.   *I am going to Maria's house*

  Vado **dal** dottore.   *I am going to the doctor's office*

- *Alle* is used to express *at* for the hour.

  EXAMPLE: Vado a scuola **alle** otto.

- *Al* is used with the expression to talk on the phone.

  EXAMPLE: Parlo **al** telefono.

EXERCISE H   Complete each sentence with the appropriate contraction of the preposition and article.

EXAMPLE: Noi andiamo _____ centro commerciale. (to)

Noi andiamo **al** centro commerciale.

1. Io vado _____ parco con la mamma. (to)

2. I ragazzi parlano _____ partita di baseball. (about)

3. Lo zaino verde è _____ mio amico Giacomo. ('s)

4. Questo regalo è _____ mia amica. (of)

5. I compiti sono _____ libro. (in)

6. Il libro è _____ banco. (on)

7. Tu passi _____ negozio ogni mattina. (by)

8. Il mio portafoglio è _____ tasca. (in)

9. La casa _____ miei amici è bella. (of)

10. Andiamo _____ stadio stasera. (to)

11. Il treno arriva _____ stazione. (at)

12. Il piatto è _____ tavola. (on)

13. Sono ritornati _____ festa tutti contenti! (from)

14. Cosa c'è _____ tuoi capelli? (on)

15. Marisa parla _____ amica dopo scuola. (to)

| EXERCISE 1 | Translate the following sentence into Italian.

EXAMPLE: Carla's pen is on the floor.
    La penna di Carla è sul pavimento.

1. Your homework is on the desk in your room.

   _____.

2. We are going to the mall Friday night by bus.

   _____.

3. I study from 7:00 to 9:00 in the evening.

   _____.

4. We want some cookies with milk.

   _____.

5. Anna's room is very clean, my room instead is a mess.

   _____.

6. I went to the doctor's office yesterday because I didn't feel well.

   _____.

7. The restaurant is between the school and the clothing store.

   _____.

8. The teacher 's pocketbook is on the chair.

   _____.

9. We cannot talk on the phone in class.

   _____.

10. Marco's books are in the green backpack.

   _____.

CHAPTER 3
Reflexive Verbs

1. Reflexive Verbs in the Present Tense

Verbs whose action refers back to the subject are reflexive verbs.
The reflexive pronouns for each subject pronoun are shown here.

SUBJECT PRONOUNS	REFLEXIVE PRONOUNS
io	mi
tu	ti
lui lei Lei	si
noi	ci
voi	vi
loro Loro	si

a. A reflexive verb in its infinitive form ends with -si. When you take off the -si, you have a regular -are (alzar), -ere, or -ire verb. To make the present tense of a reflexive verb, place the reflexive pronoun in front of the verb and conjugate the verb as usual.

alzarsi *to get up*	mettersi *to put on*	vestirsi *to get dressed*
io mi alzo	io mi metto	io mi vesto
tu ti alzi	tu ti metti	tu ti vesti
lui si alza	lui si mette	lui si veste
lei si alza	lei si mette	lei si veste
Lei si alza	Lei si mette	Lei si veste
noi ci alziamo	noi ci mettiamo	noi ci vestiamo
voi vi alzate	voi vi mettete	voi vi vestite
loro si alzano	loro si mettono	loro si vestono
Loro si alzano	Loro si mettono	Loro si vestono

2.   Some Commonly Used Reflexive Verbs

accorgersi *to realize*

lavarsi *to wash up*

alzarsi *to get up*

lavarsi i denti *to brush one's teeth*

annoiarsi *to be bored*

mettersi *to put on*

addormentarsi *to fall asleep*

pettinarsi *to comb one's hair*

arrabbiarsi *to get angry*

prepararsi *to get ready*

chiamarsi *to be called*

radersi *to shave*

diplomarsi *to graduate from high school*

riposarsi *to rest*

divertirsi *to have fun, to have a good time*

sentirsi *to feel*

farsi la doccia *to take a shower*

sposarsi *to get married*

farsi male *to get hurt*

vestirsi *to get dressed*

fermarsi *to stop by*

svegliarsi *to wake up*

innamorarsi *to fall in love*

truccarsi *to put on make up*

laurearsi *to graduate from college*

NOTE: The reflexive pronoun is placed in front of a conjugated verb, but it can be attached to an infinitive after dropping the final *e* of the second verb when there are two verbs in a sentence.

> EXAMPLES: **Io *mi alzo* presto.**
>
> **Io *mi voglio alzare* presto.**
>
> **Io *voglio alzarmi* presto.**

3.   Reciprocal Verbs

The plural forms of reflexive verbs are used to express reciprocal actions (*each other*). Here are some verbs that express reciprocal actions.

abbracciarsi *to hug each other*

baciarsi *to kiss each other*

capirsi *to understand each other*

fidanzarsi *to get engaged*

incontrarsi *to meet each other*

salutarsi *to greet each other*

> EXAMPLES: **Io e Marco *ci incontriamo* a scuola.**   *Marco and I meet each other at school.*
>
> **Le ragazze *si salutano*.**   *The girls greet each other*
>
> **Tu e Susanna *vi capite*.**   *You and Susanna understand each other.*
>
> **Le signore *si abbracciano*.**   *The ladies hug each other.*

EXERCISE A   **Coniughiamo i verbi**   Conjugate these reflexive verbs in the present tense.

fermarsi	accorgersi	divertirsi
io _____	io _____	io _____
tu _____	tu _____	tu _____
lui/lei _____	lui/lei _____	lui/lei _____
Lei _____	Lei _____	Lei _____
noi _____	noi _____	noi _____
voi _____	voi _____	voi _____
loro _____	loro _____	loro _____
Loro _____	Loro _____	Loro _____

EXERCISE B   **Cosa facciamo?**   Tell what each person is doing by completing each sentence with the appropriate form of the reflexive verb indicated in parentheses.

EXAMPLE: Io **mi alzo** alle sette del mattino. (*alzarsi*)

1. La mia amica _____ male oggi. (*sentirsi*)

2. Tu _____ con gli amici dopo scuola. (*divertirsi*)

3. Noi _____ la doccia ogni giorno. (*farsi*)

4. Gli studenti diligenti non _____ a scuola. (*annoiarsi*)

5. La mamma _____ con me quando io sono in ritardo. (*arrabbiarsi*)

6. La mattina voi _____ al bar per un caffè. (*fermarsi*)

7. Io e mia sorella _____ velocemente la mattina. (*prepararsi*)

8. I miei nonni _____ il pomeriggio. (*riposarsi*)

9. Sandro _____ la barba ogni giorno. (*radersi*)

10. Tu e Diana _____ quest'anno. (*diplomarsi*)

11. La notte i ragazzi _____ tardi. (*addormentarsi*)

12. La sera noi _____ con la famiglia. (*riposarsi*)

13. Di solito, quando cado, io _____ male. (*farsi*)

14. Mio zio _____ quest'anno. (*sposarsi*)

15. Io _____ i denti ogni giorno. (*lavarsi*)

EXERCISE C **La mia giornata** Use the illustrations below to talk about your morning routine and your school day. Say whether or not you do each of the actions shown, and if not, explain why.

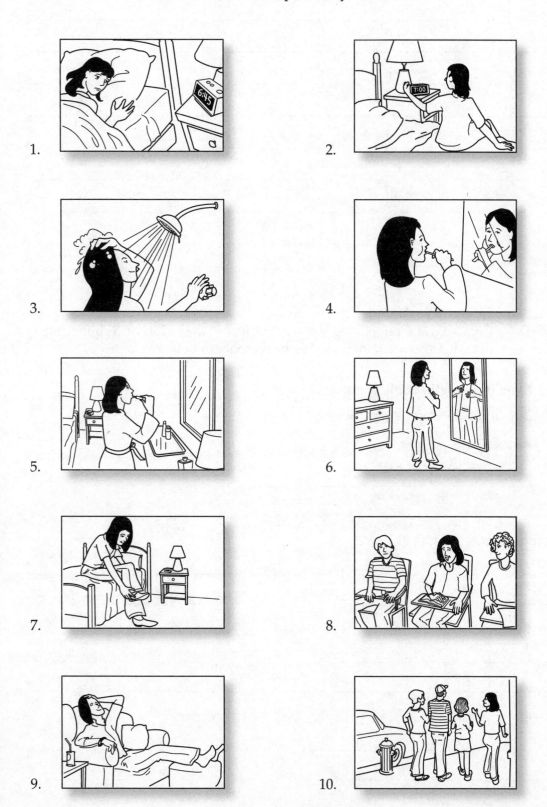

_____

_____

_____

_____

_____

_____

_____

_____

_____

| EXERCISE D | **Cosa voglio fare.** Using the verb _volere_ and the reflexive verb indicated, say what you want to do. Write the sentence in both formats.

EXAMPLE: a. La mattina **voglio** preparar**mi** al più presto.

b. La mattina **mi** voglio prepar**are** al più presto.

1. La mattina/farsi la doccia

a. _____

b. _____

2. Ogni giorno/svegliarsi tardi

a. _____

b. _____

3. A scuola/divertirsi

a. _____

b. _____

4. Il pomeriggio /riposarsi

a. _____

b. _____

5. La sera/addormentarsi facilmente

a. _____

b. _____

6. Il fine settimana/incontrarsi con gli amici

a. _____

b. _____

4. The *Passato Prossimo* of Reflexive Verbs

In the present perfect, reflexive verbs are conjugated with the helping verb *essere*. The participle may be regular or irregular, and it agrees in gender and number with the subject.

PREPARARSI	METTERSI
io mi sono preparato(a)	io mi sono messo(a)
tu ti sei preparato(a)	tu ti sei messo(a)
lui si è preparato	lui si è messo
lei si è preparata	lei si è messa
Lei si è preparato(a)	Lei si è messo(a)
noi ci siamo preparati(e)	noi ci siamo messi(e)
voi vi siete preparati(e)	voi vi siete messi(e)
loro si sono preparati(e)	loro si sono messi(e)
Loro si sono preparati (e)	Loro si sono messi(e)

NOTE: Mettersi (mi sono messo), accorgersi (mi sono accorto), and radersi (mi sono raso) have irregular past participles.

EXERCISE E   **La nostra vacanza.**   Tell us what you and your friends did last weekend. Complete each sentence with the *passato prossimo* of the verb given.

EXAMPLE: (*svegliarsi*) Noi **ci siamo svegliati** tardi il sabato mattina.

1. (*divertirsi*)   Noi _____ molto a casa della mia amica.

2. (*fermarsi*)   Io _____ al negozio per comprare dei biscotti.

3. (*affrettarsi*)   Giulia _____ a cucinare la cena.

4. (*annoiarsi*)   Carlo _____ un poco perchè non gli è piaciuto il film.

5. (*mettersi*)   Le ragazze _____ il pigiama subito dopo cena.

6. *(farsi male)*   Cristina _____ quando è caduta dal letto.

7. *(arrabbiarsi)*   Sua madre _____ perchè abbiamo chiacchierato tutta la sera.

8. *(stancarsi)*   Io _____ di ascoltare tante storie.

9. *(addormentarsi)*   I miei amici _____ molto tardi .

10. *(sentirsi)*   Noi _____ stanchi perchè non abbiamo dormito molto.

11. *(mettersi)*   Stamattina io _____ i pantaloncini perchè fa caldo.

12. *(accorgersi)*   Sonia _____ che io la guardavo.

13. *(sposarsi)*   I miei genitori _____ in Cape Cod.

14. *(riposarsi)*   Giovanni _____ sul divano perchè era molto stanco.

15. *(farsi la barba)* Mio padre _____ la barba prima di andare al lavoro.

EXERCISE F   **Una storia d'amore**   Tell the love story of Sandro and Silvia by completing each blank with the correct form of the reciprocal verb indicated in the present perfect tense.

Sandro e Silvia _____ ad una festa di compleanno di un amico di Silvia. Alla
               1. (conoscersi)

festa hanno chiacchierato tutta la serata. Loro _____ ed alla fine della fe-
                                               2. (divertirsi)

sta _____ il numero del cellulare e _____ di uscire insieme il fine
    3. (scambiarsi)   *4. (promettersi)*

settimana seguente. Sandro infatti ha telefonato subito e loro _____ in un risto-
                                                               5. (incontrarsi)

rante in centro. I due ragazzi _____ ed hanno cenato insieme quella sera. Loro
                               6. (salutarsi)

hanno continuato ad uscire insieme. Dopo un po' di tempo _____ di essere in-
                                                          7. (accorgersi)

namorati. Loro _____ e dopo un anno _____ . È stata una bella storia
               8. (fidanzarsi)   *9. (sposarsi)*

d'amore.

EXERCISE G   **Hai capito?**   Refer to Exercise F to answer the following questions in complete sentences.

1. Dove si sono conosciuti Sandro e Silvia?

_____

2. Come si sono contattati i due ragazzi per uscire?

_____

3. Dove si sono incontrati il fine settimana seguente?

_____

4. Dopo quanto tempo si sono sposati?

_____

5. Quando si sono accorti di essere innamorati?

_____

EXERCISE H   **È già successo!**   Change the following sentences from the present tense to the present perfect.

EXAMPLE: Laura si calma facilmente.
    Laura si è calmata facilmente.

1. Mia sorella si sposa a settembre.

_____

2. Noi ci prepariamo per la festa.

_____

3. Ti riposi la domenica?

_____

4. Mi giro in classe per guardare la lavagna.

_____

5. Lui si affretta per arrivare in orario a scuola.

_____

6. Mi sono fatto male al piede quando ho ballato.

_____

7. Loro si alzano per uscire.

_____

8. Tu e Giacomo vi rilassate sul divano.

_____

9. Io mi stanco al lavoro.

_____

10. Mi rompo le unghie (nails) molto spesso.

_____

| EXERCISE I | **Parlaci di te!**   Tell us about yourself. Answer the following questions in full sentences. |

EXAMPLE: A che ora ti sei svegliato stamattina?
          Mi sono svegliato alle sei e trenta.

1. Ti sei alzato subito appena ti sei svegliato stamattina?

_____

2. A che ora ti sei addormentato ieri sera?

_____

3. Quando ti sei affrettato oggi?

_____

4. Dove ti sei divertito ieri?

_____

5. Quando ti sei annoiato ieri?

_____

6. Con chi ti sei arrabbiato ieri?

_____

7. Cosa ti sei messo per andare a scuola?

_____

8. Come ti sei sentito durante il giorno?

_____

9. Ti sei incontrato con i tuoi amici dopo scuola?

_____

10. Vi siete abbracciati tu ed i tuoi amici?

_____

EXERCISE J   **Divertiamoci un po'!**   Complete the crossword below with the infinitive form of the reflexive verbs.

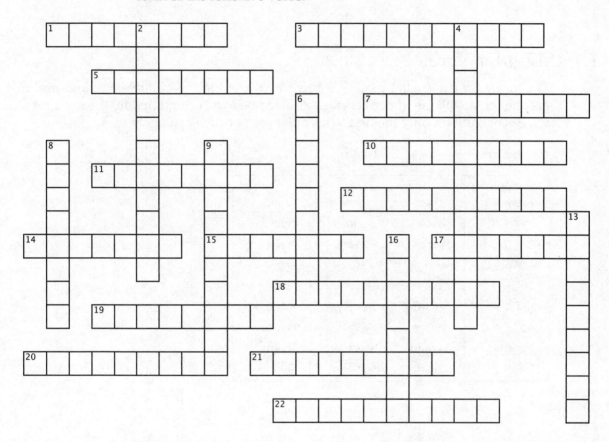

Orizzontali

1. To get dressed
3. To get angry
5. To feel
7. To graduate from high school
10. To be called
11. To stop oneself
12. To comb your hair
14. To shave
15. To get up
17. To wash oneself
18. To have fun
19. To kiss each other
20. To greet each other
21. To put on make up
22. To wake up

Verticali

2. To fall in love
4. To fall asleep
6. To be bored
8. To get married
9. To get ready
13. To rest
16. To put on

CHAPTER 4
The Imperfect Tense

1. Regular Verbs

The imperfect (*imperfetto*) tense is formed by dropping the infinitive endings and replacing them with the imperfect endings listed below. The endings are the same for all three conjugations, only the first letter differs as per each conjugation.

SUBJECT PRONOUNS	-ARE	-ERE	-IRE
io	-avo	-evo	-ivo
tu	-avi	-evi	-ivi
lui/lei	-ava	-eva	-iva
Lei	-ava	-eva	-iva
noi	-avamo	-evamo	-ivamo
voi	-avate	-evate	-ivate
loro	-avano	-evano	-ivano
Loro	-avano	-evano	-ivano

2. Irregular Verbs *ESSERE, FARE, BERE, DIRE*

The imperfect is generally a very "regular" tense. The verbs *essere, fare, bere,* and *dire* are irregular in the imperfect.

SUBJECT PRONOUNS	ESSERE	FARE	BERE	DIRE
io	ero	facevo	bevevo	dicevo
tu	eri	facevi	bevevi	dicevi
lui/lei	era	faceva	beveva	diceva
Lei	era	faceva	beveva	diceva
noi	eravamo	facevamo	bevevamo	dicevamo
voi	eravate	facevate	bevevate	dicevate
loro	erano	facevano	bevevano	dicevano
Loro	erano	facevano	bevevano	dicevano

3.   Uses of the Imperfect Tense

a. The imperfect tense conveys a past action that has no specific beginning or end. In English, the most common meaning of the imperfect is "used to."

Andavo al cinema ogni sabato.	*I used to go to the movies every Saturday.*
Emilio lavorava con mio padre.	*Emilio used to work with my father.*
Noi frequentavamo la stessa scuola.	*We used to attend the same school.*

b. The imperfect is also used to express ongoing actions in the past.

1. Two simultaneous actions (both in the imperfect)

Io aspettavo mentre tu telefonavi.	*I was waiting while you were calling.*
Loro cantavano e noi ascoltavamo.	*They were singing and we were listening.*

2. An ongoing action (*imperfect*) that was interrupted by another (*passato prossimo*)

Tu leggevi quando io sono entrato.	*You were reading when I came in.*
Quando siamo usciti Elena mangiava.	*When we went out Elena was eating.*
Aspettavi da un'ora quando è arrivata.	*You were waiting for one hour when she arrived.*

c. The imperfect is used to describe persons, things, weather conditions, age, or time of day in the past.

Pioveva e faceva freddo.	*It was raining and cold.*
Erano le otto in punto.	*It was eight o'clock on the dot.*
La nostra professoressa era simpatica.	*Our teacher was nice.*
Il *"twist"* era popolare negli anni '50.	*The "twist" was very popular in the '50s.*
Avevo due anni quando mia sorella è nata.	*I was two years old when my sister was born.*

d. The imperfect expresses repeated, habitual actions and is often accompanied by the following expressions of time.

molte volte	*many times*
ogni tanto, giorno, mese . . .	*once in a while*
ogni giorno, mese, anno . . .	*each day/month/year, etc.*
sempre	*always*
spesso	*often*
tutti i giorni	*every day*
di solito	*usually*

Visitavamo i nonni ogni settimana.	*We visited our grandparents every week.*
Spesso veniva allo stadio con noi.	*He often came to the stadium with us.*
Ogni giorno andavo a scuola in autobus.	*Every day I went to school by bus.*

e. The imperfect is used in story telling and in narrating fairytales. These are the standard fable expressions.

C'era una volta un re . . .   *Once upon a time there was a king . . .*

C'erano una volta tre porcellini . . .   *Once upon a time there were three little pigs . . .*

EXERCISE A   **Un po' di pratica**   Let's practice the imperfect tense by conjugating the following verbs.

EXAMPLE: (*partire*)   noi **partivamo.**

1. (*credere*)   tu _____
2. (*dire*)   io _____
3. (*praticare*)   Anna e Luigi _____
4. (*bere*)   io e mio fratello _____
5. (*capire*)   lei _____
6. (*viaggiare*)   i miei genitori _____
7. (*fare*)   mia madre _____
8. (*salire*)   Tu e Ivana _____

9. (*correre*)   I ragazzi _____
10. (*essere*)   noi _____
11. (*scendere*)   Emma _____
12. (*preferire*)   voi _____
13. (*visitare*)   loro _____
14. (*pagare*)   tu _____
15. (*aspettare*)   io _____

EXERCISE B   **Ditelo in italiano.**   Translate the following sentences into Italian.

EXAMPLE: All of you were waiting for Michele.   **Voi tutti aspettavate Michele.**

1. She used to be nice. _____

2. We used to write well. _____

3. They were listening to the radio. _____

4. I was looking for a pen. _____

5. You were asking a question. _____

6. He and I were speaking about school. _____

7. All of you used to do your homework late at night. _____

8. They were drinking coffee all night. _____

9. He used to have a car. _____

10. She used to help me often. _____

11. I was living in New York. _____

12. I used to go to the gym every day. _____

13. You used to play. _____

14. All of you used to be friends last year. _____

15. We used to tell the truth. _____

| EXERCISE C | **Ti ricordi quando . . . ?** A group of friends remember their childhood. Complete each sentence with the correct form of the verb in the imperfect. |

EXAMPLE: (vestire)   Angela **vestiva** sempre in verde.

1. (venire)   I nostri compagni _____ sempre al parco con noi.

2. (lavorare)   Mio zio _____ in un ufficio in cima al grattacielo.

3. (scrivere)   Tu _____ tutto nel tuo diario segreto.

4. (andare)   Anna e Carolina non _____ in vacanza dai nonni.

5. (piangere)   Tu e Rita _____ sempre per un nonnulla.

6. (piovere)   D'inverno _____ per giorni e giorni senza smettere.

7. (litigare)   Io e mio fratello _____ per ogni sciocchezza.

8. (volere)   La nostra maestra ci _____ molto bene.

9. (fare)   Noi tutti _____ castelli di sabbia sulla spiaggia.

10. (finire)   L'estate non _____ mai.

11. (leggere)   Loro _____ lo stesso libro ogni giorno.

12. (telefonare)   Voi _____ ai nonni ogni venerdì sera.

13. (essere)   Anna _____ la mia migliore amica.

14. (avere)   Tu _____ molti giocattoli.

15. (fare)   I ragazzi _____ i compiti prima di cenare.

16. (bere)   Io _____ sempre latte e caffè a colazione.

17. (uscire)   Noi non _____ insieme ogni sabato.

18. (mangiare)   Io non _____ mai la frutta.

19. (*scrivere*)   Lui _____ alla mamma ogni settimana.

20. (*dire*)   Noi tutti _____ sempre la verità!

EXERCISE D	**Ricordi d'infanzia** Remember what you used to be like as a child and answer the following personal questions.

EXAMPLE: Da bambino(a)

Che cosa guardavi in televisione?   **Da bambino(a) guardavo i cartoni animati.**

Da bambino(a)

1. Qual era il tuo libro preferito?

   _____

2. Avevi un amico immaginario?

   _____

3. Avevi paura del buio?

   _____

4. Dovevi pulire la tua camera?

   _____

5. Ti piaceva andare al parco?

   _____

6. Quale verdura ti piaceva?

   _____

7. Sognavi di diventare famoso(a)?

   _____

8. Giocavi spesso da solo(a)?

   _____

9. Qual era il tuo giocattolo preferito?

   _____

10. Dove andavi l'estate?

   _____

EXERCISE E	**Guarda queste foto!** You are looking at old photographs of your family and you are describing the people you see. Use the imperfect form of the verb *essere*.

EXAMPLE: Nonno/un bell'uomo!   **Nonno era un bell'uomo!**

1. Mamma/bionda!   _____

2. Tu/molto atletico!   _____

3. Voi/in vacanza a Parigi!   _____

4. Bruna e Roberta/fidanzati!   _____

5. Io/timido!   _____

6. Noi/allo zoo!   _____

7. Tu ed Aurora/così carini!   _____

8. Papà/alto.   _____

EXERCISE F	**Che cosa ricordi tu?** Now it's your turn to talk about your childhood. What did you do? What were you like? What was your daily routine? Create a paragraph with at least ten different verbs.

Da bambino(a) io . . .

_____

_____

_____

_____

_____

_____

_____

_____

_____

| EXERCISE G | **Prima della partenza!**   There were lots of simultaneous activities going on in my home when we were getting ready to go on vacation. Complete the following statements with the verbs indicated. |

EXAMPLE: *(fare, telefonare)*   Papà _____ il bucato mentre mamma
_____ in ufficio.

Papà **faceva** il bucato mentre mamma **telefonava** in ufficio.

1. *(scegliere, stirare)*   Mia sorella _____ i vestiti mentre voi _____ tutto.

2. *(scrivere, pulire)*   Io _____ una nota al postino mentre i nonni _____ il frigorifero.

3. *(controllare, chiudere)*   Papà _____ i biglietti mentre mamma _____ bene le finestre.

4. *(leggere, tracciare)*   Zio Peppe _____ l'itinerario mentre io _____ il percorso sulla cartina.

5. *(fare, caricare)*   Noi _____ le valige mentre papà _____ la macchina fotografica.

6. *(preparare, cercare)*   Carla _____ i panini, mentre Mario _____ le bibite.

4.   *Passato Prossimo* or **Imperfect**

Remember the basic difference between these two past tenses.

a. The *passato prossimo* is used when an action is complete, specific and well definite, with a beginning and an end.

b. The imperfect is used for all the reasons discussed before (description, habit, age, interrupted action . . .) and when the beginning and end of such action is not specific.

| EXERCISE H | **Quante cose!**   As usual last night our house was full of activities. Complete the following statements using the *imperfetto* or the *passato prossimo* as appropriate. |

1. *(fare, telefonare)*   Io _____ i compiti quando tu _____ a Simona.

2. *(entrare, leggere)*   Quando Enrico _____ , mio padre _____ il giornale.

3. (*riposare, uscire*)   Tu _____ quando i ragazzi _____ .

4. (*ritornare, essere*)   Quando noi _____ , Viviana e tu _____ in cucina.

5. (*parlare, arrivare*)   Mamma _____ con nonna quando _____ zia Maria.

6. (*studiare, rientrare*)   Io _____ in salotto quando papà _____ dal lavoro.

7. (*cenare, chiamare*)   Noi _____ quando tu _____ .

EXERCISE I	**Una mattinata importante!** The morning of Chiara's wedding was perfect. Complete the paragraph below with the imperfect or the *passato prossimo* as necessary.

Il giorno del suo matrimonio Chiara _____ presto. _____ eccitata, ner-
                                        1. (alzarsi)   2. (sentirsi)

vosa e serena allo stesso tempo e _____ prepararsi con calma, dopotutto questo
                                      3. (volere)

_____ il giorno più importante della sua giovane vita. La sposina _____ fuori
  4. (essere)   5. (guardare)

dalla finestra felice come può essere una giovane innamorata. _____ un bel sole e un
                                                                6. (esserci)

cielo azzurro. Chiara _____ subito una vestaglia ed _____ in cucina, dove i
                          7. (indossare)   8. (scendere)

suoi genitori _____ già. Tutti insieme _____ colazione, e _____ per
                 9. (aspettare)   10. (fare)   11. (prepararsi)

una giornata perfetta!

EXERCISE J	**La mattina dell'esame** Three friends get ready to go to school to take an exam. Complete the paragraph below with the imperfect or the *passato prossimo* as necessary.

Alle sette io e Cinzia _____ di casa per andare al bar in piazza dove _____ un
                          1. (uscire)   2. (avere)

appuntamento con Roberto. Io _____ un cappuccino e un cornetto, Cinzia e Roberto
                                 3. (ordinare)

_____ un caffè macchiato e una brioche. _____ e _____ fresco così
  4. (bere)   5. (piovere)   6. (fare)

noi tre _____ l'autobus per andare a scuola. L'esame _____ alle otto e mezza
           7. (prendere)   8. (cominciare)

ed _____ abbastanza facile. Noi tutti _____ senza grande difficoltà. Che sol-
     9. (essere)   10. (finire)

lievo!

EXERCISE K   **Il ritorno**   Milena went back to her beloved Sicily after several years away. Complete the following paragraph with the imperfect or the *passato prossimo* as necessary.

L'anno scorso Milena _____ in Sicilia perchè _____ visitare i suoi pa-
                        1. (andare)   2. (volere)

renti che non _____ da parecchi anni. Quando _____ all'aeroporto di
                 3. (vedere)   4. (arrivare)

Palermo _____ ad aspettarla tutta la famiglia di suo fratello. Il nipote Enzo, che lei
          5. (trovare)

_____ bambino, adesso _____ un bel ragazzone alto e robusto. La nipote
  6. (ricordare)   7. (essere)

Fiorella _____ già quindici anni ed anche lei _____ una bella signorina con
           8. (avere)   9. (essere)

una cascata di capelli castani. Dopo i soliti abbracci e saluti tutti _____ verso l'auto-
                                                                          10. (avviarsi)

mobile che li _____ a casa.
               11. (portare)

EXERCISE L   **La mia favola preferita**   Think back to your favorite childhood fairytale and summarize it. Use a dictionary to help you with the vocabulary.

_____

_____

_____

_____

_____

_____

_____

_____

_____

EXERCISE M   **Una vacanza indimenticabile**   We all have a great vacation in our memory. Describe yours. Tell where you went, when, how, with whom. Describe the weather, the environment, and the activities that you remember.

_____

_____

_____

_____

_____

_____

_____

_____

_____

_____

5.   *Trapassato Prossimo*

a. The pluperfect (*trapassato prossimo*) is used when an action has already happened prior to another past action. In English it is expressed with "had" followed by the verb in the past participle.

EXAMPLES: we had seen, she had spoken, they had arrived

b. The *trapassato prossimo* is a compound tense, like the *passato prossimo* (see Chapter 1). It is formed by the imperfect of the helping verb *essere* or *avere* and the past participle (*-ato, -uto, -ito*).

Noi eravamo andati in città.	*We had gone to the city.*
Tu eri stato in Italia l'anno prima.	*You had been to Italy the year before.*
Io avevo finito i compiti.	*I had finished the homework.*
I ragazzi avevano guardato già il film.	*The boys had seen the movie already.*

c. Like the *passato prossimo*, the *trapassato prossimo* uses *avere* for transitive verbs and *essere* for intransitive ones as shown in the following table.

MANGIARE		PARTIRE	
io avevo mangiato	*I had eaten*	io ero partito(a)	*I had left*
tu avevi mangiato	*you had eaten*	tu eri partito(a)	*you had left*
lui/lei aveva mangiato	*he/she had eaten*	lui/lei era partito(a)	*he/she had left*
Lei aveva mangiato	*you had eaten (formal)*	Lei era partito(a)	*you had left (formal)*
noi avevamo mangiato	*we had eaten*	noi eravamo partiti(e)	*we had left*
voi avevate mangiato	*you had eaten*	voi eravate partiti(e)	*you had left*
loro avevano mangiato	*they had eaten*	loro erano partiti(e)	*they had left*
Loro avevano mangiato	*you had eaten (formal)*	Loro erano/partiti(e)	*you had left (formal)*

| **EXERCISE N** | **Ieri sera**   When the father returned home last night the family had already finished many chores. Complete the following sentences using the pluperfect. |

EXAMPLE: *(finire)*   Io **avevo finito** la ricerca per la classe di storia.

1. *(preparare)*   Mamma _____ la cena.

2. *(scrivere)*   Io _____ il tema d'inglese.

3. *(leggere)*   Tu e Tonino _____ il giornale

4. *(uscire)*   Enzo _____ in macchina.

5. *(bere)*   I bambini _____ già il loro latte.

6. *(stare)*   Io e Carlo _____ al supermercato.

7. *(mettere)*   Tu _____ tutto sulla tavola.

8. *(entrare)*   Nonno _____ dal giardino.

9. *(telefonare)*   Zia _____ due o tre volte.

10. *(salire)*   Zio _____ in camera sua.

| **EXERCISE O** | **Stamattina**   Write eight things you had done this morning before you left for school. |

EXAMPLE: **Mi ero svegliato(a) alle sei**

_____

_____

_____

_____

_____

_____

_____

_____

EXERCISE P   **Quante cose.**   Rosa had done many things by a very early age. Complete each sentence with the *trapassato prossimo* of the given verbs.

EXAMPLE: (*viaggiare*)   A otto anni **aveva** già **viaggiato** in aereo.

1. (*visitare*)   A cinque anni _____ la Florida.

2. (*imparare*)   A due anni _____ a leggere.

3. (*cominciare*)   A un anno _____ a parlare.

4. (*conoscere*)   A quattro anni _____ la sua migliore amica.

5. (*andare*)   A dieci anni _____ a sciare molte volte.

6. (*fare*)   A tre anni _____ una classe di ginnastica.

7. (*essere*)   A sei anni _____ in Italia per un anno.

8. (*comprare*)   A dodici anni _____ il suo primo ipod.

9. (*diventare*)   A tredici anni _____ più alta di sua madre.

10. (*giocare*)   A sette anni _____ a baseball.

CHAPTER 5
The Future Tense

1.   Regular Verbs

The future tense (*futuro semplice* or *futuro*) expresses actions that will take place in the future. In English it is expressed by placing "will" or "shall" in front of the verb. In Italian the future tense is formed by dropping the *-e* from the infinitive form and replacing it with the specific ending for each subject pronoun.

The future endings are the same for all three conjugations, however, the *a* of *-are* infinitive endings changes to *e*.

SUBJECT PRONOUNS	FUTURE ENDINGS
io	-ò
tu	-ai
lui/lei	-à
Lei	-à
noi	-emo
voi	-ete
loro	-anno
Loro	-anno

The future is conjugated as follows.

SUBJECT PRONOUNS	PARLARE	PERDERE	FINIRE
io	parlerò	perderò	finirò
tu	parlerai	perderai	finirai
lui/lei	parlerà	perderà	finirà
Lei	parlerà	perderà	finirà
noi	parleremo	perderemo	finiremo
voi	parlerete	perderete	finirete
loro	parleranno	perderanno	finiranno
Loro	parleranno	perderanno	finiranno

    a. In order to keep the same pronunciation, verbs that end in *-care* or *-gare* add an "h" before the future ending.

EXAMPLES: giocare   giocherò, etc.

pagare   pagherò, etc.

Domani noi giocheremo a calcio.   *Tomorrow we will play soccer.*

Loro pagheranno il conto.   *They will pay the bill.*

Tu cercherai il libro in biblioteca.   *You will search for the book in the library.*

b. For the same reason of pronunciation, verbs that end in -*ciare* and -*giare* drop the last "i" before the ending.

EXAMPLES: cominciare   comincerò, etc.

mangiare   mangerò, etc.

Il film comincerà fra pochi minuti.   *The film will begin in a few minutes.*

A che ora mangerete stasera?   *What time will you eat tonight?*

| EXERCISE A | **Un pò di pratica**   Let's conjugate these verbs in the future and then give the English translation. |

EXAMPLE: (*parlare*) Io   **parlerò**   *I will speak*

1. (*scendere*) Noi _____ _____

2. (*arrivare*) Lui _____ _____

3. (*finire*) Noi _____ _____

4. (*vestirsi*) Loro _____ _____

5. (*viaggiare*) Renata _____ _____

6. (*giocare*) Tea e tu _____ _____

7. (*festeggiare*) Andrea e Leo _____ _____

8. (*cucinare*) Lei _____ _____

9. (*guardare*) Tu _____ _____

10. (*pagare*) Io _____ _____

11. (*leggere*) La classe _____ _____

12. (*prendere*) Io e Marta _____ _____

13. (*sentire*) Voi _____ _____

14. (*divertirsi*) I ragazzi _____ _____

15. (*lasciare*) Io _____ _____

2. Irregular Verbs

The following verbs are irregular in the future; however, the endings are the same as the regular verbs, only the stem of the verb is irregular. Given the **io** form, you can conjugate the rest of the verbs.

essere	sarò
bere	berrò
rimanere	rimarrò
venire	verrò
volere	vorrò
fare	farò
dare	darò
stare	starò
andare	andrò
avere	avrò
cadere	cadrò
dovere	dovrò
potere	potrò
vedere	vedrò
vivere	vivrò
sapere	saprò

EXERCISE B **Progetti per la vacanza** Alberto is making plans for his upcoming vacation. Complete the paragraph and conjugate each verb in the future tense.

Io e i miei amici _____ in vacanza insieme e _____ in un villaggio per agri-
                 1. (andare)   *2. (stare)*

turismo. I nostri genitori _____ contenti di essere liberi di noi e _____ stare
                          3. (essere)   *4. (potere)*

un po' in pace. Mia sorella Martina _____ anche con noi e _____ certamente
                                   5. (venire)   *6. (fare)*

molto sport. Tu _____ fare windsurf e senza dubbio _____ in acqua! Dopo la
               7. (volere)   *8. (cadere)*

partenza degli altri io _____ in campagna una settimana in più e _____ quei
                          9. (rimanere)   *10. (vivere)*

giorni tranquillamente all'aria pura!

EXERCISE C   **Che cosa faranno?**   Say what each person will do. Complete each sentence with the future form of the verb in Italian.

EXAMPLE: L'anno prossimo io **frequenterò** l'università. (*to attend*)

1. Maria _____ domani. (*to leave*)

2. Adriano e Carlo _____ la gara. (*to run*)

3. Io e Sandra _____ nuovi pantaloni. (*to buy*)

4. Gli amici _____ una bella festa. (*to give*)

5. Noi _____ dal liceo. (*to graduate*)

6. Le ragazze _____ al mare. (*to go*)

7. Tu e Franco _____ con me a New York. (*to come*)

8. I professori _____ molti nuovi studenti. (*to know*)

9. Noi _____ molte belle cose. (*to learn*)

10. Io _____ guidare. (*to know*)

11. Carlo e Susanna _____ . (*to get married*)

12. I nonni ci _____ per le feste. (*to visit*)

13. Mia sorella _____ all'università. (*to go*)

14. I ragazzi _____ il fine settimana. (*to have fun*)

15. Voi _____ comprare un nuovo computer. (*to want*)

3.   Use of the Future Tense to Express Probability

The future tense is used in Italian to predict something or to make a guess about something.

Non ho l'orologio, saranno le tre!   *I don't have a watch; it might be three o'clock!*
Chi è? Sarà il nuovo professore!   *Who is he? Perhaps he is the new teacher!*
Dov'è tua madre? Sarà al lavoro.   *Where is your mom? She must be at work.*

EXERCISE D   **Guardiamo on po' nel futuro**   Let's look at the future and finish these sentences by conjugating the verbs in parentheses.

1. Fra pochi giorni il nostro amico Carlo _____ a Roma. Andrea lo _____
    (andare)   (chiamare)
    stasera per salutarlo. Se non lo _____ a casa, _____ ancora domani.
    (trovare)   (provare)

2. Stasera, dopo che io _____ di studiare, _____ libero e _____ fi-
(finire)   (essere)   (potere)

nalmente uscire!

3. Maria e Eleonora _____ andare a Milano con la gita scolastica perché
(volere)

_____ tutti i loro amici e sicuramente _____ !
(esserci)   (divertirsi)

4. Io e Anna _____ al ristorantee dopo _____ a casa tua dove
(mangiare)   (venire)

_____ insieme sul progetto per la classe d'italiano.
(lavorare)

5. Che cosa _____ tu l'estate prossima? _____ lavoro o _____ in
(fare)   (Cercare)   (andare)

vacanza all'estero?

| EXERCISE E | **Continuando a guardare nel futuro** Always looking to the future, complete these sentences by conjugating the verbs in the future. |

EXAMPLE: (bere)   In Italia tutti noi **berremo** acqua minerale con i pasti.

1. (alzarsi, avere)   Sabato mattina io _____ tardi perchè non
_____ scuola!

2. (vincere, venire)   Se Pina e Carla _____ alla lotteria, _____
a trovarci in Italia.

3. (dovere)   Non mi sento bene. _____ andare dal medico.

4. (andare, comiciare)   In autunno Anna _____ all'università e _____
a studiare il latino.

5. (volere)   Loro _____ di sicuro vedere il nuovo film prima degli
Oscar.

6. (diplomarsi)   Quando _____ tuo fratello, quest'anno o l'anno prossimo?

7. (fare, comprare)   Se tu _____ il bravo, mamma ti _____
un gelato.

8. (essere)   Noi _____ sempre tuoi amici.

9. (dare)   A chi _____ questo regalo, mamma?

10. (volere)   Non so se voi _____ venire in biblioteca con noi.

11. (parlare, dire)   Oggi io _____ con mio padre è gli _____
la verità.

12. (*avere*)   Quando comincia la scuola noi non _____ molto tempo libero.

13. (*ascoltare*)   Carlo _____ delle bellissime arie all'Opera.

14. (*capire*)   Dopo il viaggio voi _____ perchè amo tanto la Calabria!

EXERCISE F	**Guardando nella sfera di cristallo** Imagine your future, what will you do? Make at least ten predictions. (Where will you be living, what will you be doing, what car will you drive, where will you vacation, . . .)

EXAMPLE: **Andrò all'università.**

_____

_____

_____

_____

_____

_____

_____

_____

_____

_____

EXERCISE G	**Sogna ad occhi aperti** Imagine that you and your best friend are leaving for a wonderful vacation. Using the future tense, write a paragraph stating where are you going, when you will get there, where you will stay, what the weather will be, what activities you will do, what you will see, when you will return, . . .

_____

_____

_____

_____

_____

_____

_____

_____

_____

_____

4.   *Futuro Anteriore* (Future Perfect)

The future perfect (*futuro anteriore*) expresses an action that will have been completed before a set time in the future. It is a compound tense formed by using the future tense of the helping verbs *essere* or *avere* followed by the past participle of the verb.

EXAMPLES: Per la fine del mese **avrò finito** la mia ricerca.
At the end of the month I will have finished my research.

Domani mattina **saremo arrivati** a Los Angeles.
Tomorrow morning we will have arrived in Los Angeles.

MANGIARE	
io avrò mangiato	*I will have eaten*
tu avrai mangiato	*you will have eaten*
lui/lei avrà mangiato	*he, she will have eaten*
Lei avrà mangiato	*you will have eaten*
noi avremo mangiato	*we will have eaten*
voi avrete mangiato	*you will have eaten*
loro avranno mangiato	*they will have eaten*
Loro avranno mangiato	*you will have eaten*

PARTIRE	
io sarò partito(a)	*I will have left*
tu sarai partito(a)	*you will have left*
lui/lei sarà partito(a)	*he, she will have left*
Lei sarà partito(a)	*you will have left*
noi saremo partiti(e)	*we will have left*
voi sarete partiti(e)	*you will have left*
loro saranno partiti(e)	*they will have left*
Loro saranno partiti(e)	*you will have left*

EXERCISE H   **Quante cose!**   Before the evening is over many things will have taken place around you. Complete each statement in the future perfect to know all the events.

1. (*fare*)   Io _____ i miei compiti.

2. (*giocare*)   I miei amici _____ una partita di baseball.

3. (*finire*)   Mia madre _____ di lavorare.

4. (*guardare*)   Le mie sorelle _____ la televisione.

5. (*ritornare*)   Mio padre _____ dal lavoro.

6. (*correre*)   Il mio cane _____ nel giardino.

7. (*telefonare*)   Mia nonna _____ a casa mia.

8. (*correggere*)   La professoressa _____ i nostri esami.

9. (*comprare*)   Il mio amico Carlo _____ una nuova bici.

10. (*incontrare*)   La mia ragazza _____ le sue amiche.

EXERCISE I   **Quando giugno arriverà . . .**   Think of six things that you will have accomplished before the end of the school year.

EXAMPLE: **Io avrò imparato molto nelle mie classi.**

_____

_____

_____

_____

_____

_____

EXERCISE J   **Che bel mondo sarà!**   Everyone hopes that the future will have wonderful surprises for mankind. Translate the following.

EXAMPLE: I will have written the American novel.
             Io avrò scritto il romanzo americano!

1. Scientists will have found a cure for cancer.

_____

2. Man will have traveled to many planets.

_____

3. All wars will have ended.

_____

4. We will have eliminated hunger.

_____

5. Air and water pollution will have been cleaned.

_____

6. We will have discovered a new way to travel.

_____

5.   Use of the *Futuro Anteriore* to Express Probability in the Past

The future perfect is also used to express what could have happened when you are not sure and are guessing.

Non è arrivato? Avrà perso il treno!   *He hasn't arrived? He must have missed the train!*

Se non sono qui, saranno andati a casa.   *If they are not here, they might have gone home.*

| EXERCISE K | **Chissà!** Take a guess at what might have caused the following situations. |

EXAMPLE: (*rimanere*)   Emilia non è a scuola? **Sarà rimasta** a casa.

1. (*mangiare*)   Il bambino ha mal di stomaco? _____ troppo!

2. (*stare*)   Lui non è arrivato. _____ a lavorare tardi!

3. (*studiare*)   Gli studenti hanno ricevuto ottimi voti? _____ studiato molto!

4. (*lasciare*)   Io non ho la mia patente? _____ il portafoglio a casa!

5. (*sentire*)   Hai dormito fino adesso? Non _____ la sveglia!

6. (*uscire*)   Anna non è in casa. _____ con le amiche!

7. (*piovere*)   È tutto bagnato? _____ tutta la serata!

8. (*lavorare*)   Sei stanca? _____ troppo!

9. (*giocare*)   Hanno vinto! _____ bene!

10. (*partire*)   Non risponde al telefono? _____ già partita!

EXERCISE L | **Cosa sarà successo?**   Lorenzo is a student in your Italian class. This morning he has not come to class, and everyone is concerned about what may have happened to him. Write six things that you think may have happened.

EXAMPLE: **Lorenzo non avrà sentito la sveglia stamattina.**

_____

_____

_____

_____

_____

_____

CHAPTER 6
Adverbs

1. Forming Adverbs

a. Adverbs modify verbs. Adverbs clarify the how, when, where, why of the action.

EXAMPLES: **Noi parliamo** *lentamente.*   *We speak slowly.*
Lei veste *elegantemente.*   *She dresses elegantly.*
Tu telefoni *regolarmente.*   *You call regularly.*

b. Most of the time, in English the adverbs are formed by adding *-ly* to the adjective. Likewise, in Italian *-mente* is added to the feminine form of the adjectives.

ADJECTIVES	ADVERBS
caldo	caldamente *warmly*
certo	certamente *certainly*
alto	altamente *highly*
veloce	velocemente *swiftly*
triste	tristemente *sadly*

c. Adjectives that end in *-re* and *-le* drop the final *-e* before adding *-mente*.

ADJECTIVES	ADVERBS
regolare	regolarmente *regularly*
popolare	popolarmente *popularly*
debole	debolmente *weakly*
facile	facilmente *easily*

d. Some adverbs are different from their corresponding adjectives.

ADJECTIVES	ADVERBS
buono *good*	**bene** *well*
cattivo *bad*	**male** *badly*
migliore *better*	**meglio** *better*
peggiore *worse*	**peggio** *worse*

EXERCISE A   **Come dobbiamo comunicare?**   Communication is very important for all of us. Let's think about the manner in which we need to speak and change the following adjectives to adverbs.

EXAMPLE: (*educato*)   Dobbiamo parlare **educatamente.**

Dobbiamo parlare

1. (*chiaro*) _____

2. (*lento*) _____

3. (*intelligente*) _____

4. (*corretto*) _____

5. (*specifico*) _____

6. (*gentile*) _____

7. (*semplice*) _____

8. (*personale*) _____

9. (*pacifico*) _____

10. (*sincero*) _____

11. (*attento*) _____

12. (*logico*) _____

EXERCISE B   **A te la scelta**   Analyze the following sentences and choose between an adjective or an adverb.

EXAMPLES: Sulle Alpi la stagione **migliore** per sciare è l'inverno.
Mia sorella scia **meglio** di me.

buono	cattivo	meglio	peggio
bene	male	migliore	peggiore

1. I _____ musicisti possono suonare con le più famose orchestre.

2. Oggi io ho un raffreddore, mi sento _____ e preferisco restare a casa e riposare.

3. Maurizio parla molto _____ l'italiano perchè lo studia seriamente da quattro anni.

4. Quando il bimbo è _____ i genitori lo puniscono!

5. Per noi studenti è _____ viaggiare d'estate quando la scuola è in vacanza.

6. Ieri e l'altro ieri ha nevicato continuamente; è stata la _____ tempesta di tutto l'anno!

7. È difficile guidare in un posto sconosciuto ed è _____ di notte quando è buio.

8. Il gelato italiano è molto _____ e piace a tutti!

EXERCISE C | Complete the following sentences by changing the given adjectives to adverbs.

EXAMPLE: (*semplice*) Enrico ha scelto **semplicemente** di non venire alla festa.

1. (*facile*) I ragazzi sono arrivati _____ a casa mia in macchina.

2. (*veloce*) Enzo guidava _____ perchè aveva fretta di arrivare.

3. (*vero*) Noi siamo rimasti _____ entusiasti del viaggio in Italia.

4. (*fortunato*) _____ siamo arrivati alla stazione in tempo.

5. (*sincero*) Ero _____ contento di rivedere tutti i miei amici.

6. (*silenzioso*) Siamo entrati in chiesa _____ .

7. (*recente*) _____ ho conosciuto la famiglia del mio compagno di stanza.

8. (*particolare*) Al museo hanno ammirato _____ l'arte rinascimentale.

9. (*abile*) L'orchestra ha suonato _____ *Le Quattro Stagioni* di Vivaldi.

10. (*tranquillo*) I bambini hanno giocato _____ al parco tutto il pomeriggio.

11. (*rapido*) Non è salutevole mangiare _____ .

12. (*originale*) _____ avevo deciso di andare alla festa, ho cambiato idea.

13. (*innocente*) Il bambino raccontava tutto _____ .

14. (*tragico*) Purtroppo la storia di Giulietta e Romeo è finita _____ .

15. (*necessario*) Dire sempre tutto non è _____ una buona idea.

EXERCISE D | **Più di un modo di dire la stessa cosa** Many times there are several ways of saying the same thing. In these sentences substitute an adverb for the underlined adjective, then translate the new sentence into English.

EXAMPLE: La signora è sempre <u>elegante</u> nel vestire.

    a. La signora veste sempre **elegantemente**.

    b. The lady always dresses elegantly.

1. Gli italiani sono <u>aggressivi</u> alla guida

    a. Gli italiani guidano _____ .

    b. _____

2. Marco è <u>paziente</u> e aspetta gli amici.

   a. Marco aspetta gli amici _____ .

   b. _____

3. I bambini sono <u>timidi</u> con gli estranei.

   a. I bambini reagiscono _____ con gli estranei.

   b. _____

4. La famiglia è molto <u>tenera</u> con il cagnolino.

   a. La famiglia tratta il cagnolino _____ .

   b. _____

5. La classe è <u>attenta</u> alle spiegazioni del professore.

   a. La classe ascolta _____ il professore.

   b. _____

6. Gli italiani sono <u>appassionati</u> nel seguire il campionato di calcio.

   a. Gli italiani seguono il campionato di calcio _____ .

   b. _____

7. I genitori sono <u>amorevoli</u> nell' educare i figli.

   a. I genitori educano i figli _____ .

   b. _____

8. Per capire meglio, è importante fare i compiti <u>completi</u>.

   a. Per capire meglio, è importante fare i compiti _____ .

   b. _____

2.   Position of Adverbs

Usually adverbs follow the verb, although it is not necessarily wrong to place them at the end of a sentence or, as in the case of adverbs of time, between the helping verb and the past participle.

EXAMPLES:

Ha cantato *bene* **l'aria finale.**	*He sang the final aria well.*
Lei chiacchiera con la nonna *affettuosamente*.	*She chats with the grandmother affectionately.*
Tu parli *direttamente* **con il commesso.**	*You speak directly with the salesperson.*
Sono *già* **arrivati a casa.**	*They have already arrived home.*

3.   Common Adverbs and Adverbial Expressions

In some cases the adverb has the same form as the adjective. Note that adjectives agree in gender and number with the noun they modify, but adverbs do not change.

a.

ADVERBS OF QUALITY AND QUANTITY	
piano *slowly*	**forte** *loudly*
molto *very (much)*	**poco** *little*
più *more*	**meno** *less*
abbastanza *enough*	**troppo** *too much*

EXERCISE E	**Come?** Translate the following sentences into Italian using the adverbs above.

EXAMPLE: He speaks loudly.   **Lui parla forte.**

1. It costs too much.   _____

2. He is asking for little.   _____

3. They ate enough.   _____

4. We walk slowly.   _____

5. She bought more food.   _____

6. You need less work.   _____

7. It is very important.   _____

b.

ADVERBS OF TIME	
oggi *today*	**ieri** *yesterday*
adesso *now*	**domani** *tomorrow*
ora *now*	**poi** *later, then*
prima *before*	**dopo** *afterwards*
presto *quickly, soon*	**tardi** *late*
già *already*	***ancora** *yet*
sempre *always*	***mai** *never*
spesso *often*	**ogni tanto** *once in a while*
subito *immediately*	**più tardi** *later*
***Reminder:** *ancora* and *mai* used in the negative form require *non* before the verb.	

EXERCISE F	**Al contrario** Carla and her brother Franco always disagree. Whatever he says, she says the opposite! Rewrite the following sentences taking Carla's side!

EXAMPLE: FRANCO: Papà ritorna a pranzo **presto**.

CARLA: Non è vero! Papà ritorna a pranzo **tardi**!

1. FRANCO: La nonna ha telefonato oggi.

   CARLA: _____

2. FRANCO: Andiamo a sciare prima di Natale.

   CARLA: _____

3. FRANCO: Vado alla partita subito.

   CARLA: _____

4. FRANCO: Mamma va a fare la spesa adesso.

   CARLA: _____

5. FRANCO: Marco finisce i compiti ora.

   CARLA: _____

6. FRANCO: Zia Rita viene a visitarci spesso.

   CARLA: _____

7. FRANCO: Tu aiuti sempre in cucina.

   CARLA: _____

8. FRANCO: Il pranzo è già pronto.

   CARLA: _____

c.

ADVERBS OF PLACE	
dentro *inside*	**fuori** *outside*
sopra *on top*	**sotto** *under*
davanti a *in front*	**dietro** *behind*
vicino a *near*	**lontano da** *far*
accanto a *next to*	**di fronte a** *facing*
là, lì *there*	**qua, qui** *here*
in alto *up high*	**in basso** *down below*
a destra di *to the right*	**a sinistra** *to the left*
diritto *straight*	**all'angolo** *at the corner*

EXERCISE G	**La camera di Marcello** Look at Marcello's room and describe where everything is located.

EXAMPLE: La sedia è **vicino** alla scrivania.

1. Le scarpe sono _____ il letto.

2. I libri sono _____ gli scaffali.

3. Il letto è _____ del comodino.

4. Gli scaffali sono _____ la finestra.

5. La porta è _____ alla scrivania.

6. Il computer è _____ sulla scrivania.

7. La tastiera è _____ al computer.

8. I cartelloni sono _____ il letto.

9. La lampada è _____ del computer.

10. Il cuscino è _____ il letto.

EXERCISE H	**Nella nostra classe** Look around your classroom and answer the following questions.

EXAMPLE: Dov'è la lavagna?   La lavagna è **di fronte** ai banchi.

1. Dov'è il cestino?   _____

2. Dove sono i cartelloni?   _____

3. Dov'è l'orologio?   _____

4. Dov'è la porta?   _____

5. Dove sono le finestre?   _____

6. Dove sono gli zaini?   _____

7. Dov'è l'altoparlante?   _____

8. Dov'è lo schermo?   _____

9. Dov'è il temperamatite?   _____

10. Dovè l'interruttore della luce? _____

EXERCISE I   **Dov'è la nostra scuola?** Think about the location of your school, what is near and around the school building, and identify five important references.

EXAMPLE: **La bandiera americana è davanti all'entrata.**

_____

_____

_____

_____

_____

d.

ADVERBIAL EXPRESSIONS WITH PREPOSITIONS
da vicino   *closely*
da lontano   *from a distance*
in orario   *on time*
in passato   *in the past*
di nuovo   *again*
di solito   *usually*

e.

MISCELLANEOUS ADVERBS
altrimenti   *otherwise*
forse   *maybe, perhaps*
intanto   *meanwhile*
infine   *at last, finally*
insieme   *together*
piuttosto   *rather*
soprattutto   *above all*

| **EXERCISE J** | **Completiamo!** Complete the following sentences with the adverbs provided. |

1. Io e i miei amici _____ camminiamo a scuola _____ . È importante arri-
   <u>1. (usually)</u>   <u>2. (together)</u>

   vare _____ ogni mattina, _____ dobbiamo fermarci in ufficio.
   <u>3. (on time)</u>   <u>4. (otherwise)</u>

2. _____ che andare in macchina mio padre va a lavorare in metropolitana
   <u>1. (rather)</u>

   _____ per proteggere l'ambiente.
   <u>2. (above all)</u>

3. _____ non ho riconosciuto tutti nel gruppo dei miei amici; _____ vedo
   <u>1. (from a distance)</u>   <u>2. (closely)</u>

   che ci sono anche i ragazzi venuti dall'Italia.

4. _____ sono andato a Roma diverse volte e non vedo l'ora di ritornarci
   <u>1. (in the past)</u>

   _____ !
   <u>2. (again)</u>

5. _____ sarò libera di venire al cinema, _____ devo finire i compiti che
   <u>1. (maybe)</u>   <u>2. (meanwhile)</u>

   devo fare per domani.

| **EXERCISE K** | **Tocca a te!**   Use the words below in sentences that reflect your habits. |

EXAMPLE: (again)   **Devo pulire *di nuovo* la mia camera.**

1. (enough)   _____

2. (badly)   _____

3. (well)   _____

4. (truly)   _____

5. (too much)   _____

6. (here)   _____

7. (immediately)   _____

8. (once in a while) _____

9. (usually)   _____

10. (often)   _____

EXERCISE L   **Il cruciverba.**   Solve the crossword puzzle by translating into Italian the given adverbs.

Orizzontali

1. now
3. inside
4. always
5. here
7. outside
8. rather
10. after
12. together
14. worse
15. less
16. well
17. little

Verticali

2. behind
3. straight
6. facing
9. otherwise
11. quickly
13. badly
15. better

CHAPTER 7
Object Pronouns

1. Direct Object Pronouns

Direct object pronouns are used to replace the noun directly affected by the action of the verb. The direct object answers the question *whom* or *what*.

SINGULAR		PLURAL	
mi	*me*	**ci**	*us*
ti	*you* (familiar)	**vi**	*you* (familiar)
lo (l')	*him, it*	**li**	*them* (m)
la (l')	*her, it*	**le**	*them* (f)
La	*you* (formal)	**Le, Li**	*you* (formal)

Senti *il telefono*? Sì, *lo* sento.   *Do you hear the telephone? Yes, I hear it.*

Conosci *la Signora Procopio*?   *Do you know Mrs. Procopio?*
Sì, *la* conosco.   *Yes, I know her.*

Chi compra *le patatine*?   *Who is buying the chips?*
Sandro *le* compra.   *Sandro is buying them.*

Vedi *gli amici* stasera?   *Are you seeing your friends this evening?*
No, non *li* vedo.   *No, I am not seeing them.*

NOTES: 1. The direct object pronouns precede the conjugated verb.

     Dove prendi *il caffè*?   *Lo* **prendo al bar.**

     Quando fai *i compiti*?   *Li* **faccio la sera.**

2. When there are two verbs in a sentence, one conjugated and one in the infinitive form, the direct object pronoun may be placed in front of the conjugated verb, or attached to the infinitive after dropping the final -*e*.

     Io voglio vedere *il film*.   **Io *lo* voglio vedere.**

          Io voglio *vederlo*.

     Tu devi scrivere *una lettera*.   **Tu *la* devi scrivere.**

          Tu devi *scriverla*.

3. In the *passato prossimo*, the pronoun is placed before the helping verb *avere*, and the participle agrees in gender and number with the direct object pronouns *lo, la, li, le*. With the other direct object pronouns, agreement is optional.

     Abbiamo visto *la ragazza* a scuola.   *L'* **abbiamo vis*ta* a scuola.**

     Ho portato *i panini*.   *Li* **ho porta*ti*.**

The following verbs take a direct object in Italian, but an indirect object in English.

aspettare	*to wait for*	**guardare**	*to look at*
cercare	*to look for*	**ascoltare**	*to listen to*
pagare	*to pay for*		

Noi aspettiamo **l'autobus davanti alla scuola.**	*We wait for the bus in front of the school.*
Io cerco **le chiavi della macchina.**	*I am looking for the car keys.*
Gli studenti **guardano la lavagna.**	*The students look at the board.*
Loro ascoltano **sempre l'ipod.**	*They always listen to the ipod.*

EXERCISE A   **Usiamo i pronomi!**   Rewrite each sentence replacing the direct object with a pronoun.

EXAMPLE: Noi vediamo gli amici a scuola.
        Noi li vediamo a scuola.

1. Nicola mangia i biscotti per merenda.

   _____

2. Io porto mio fratello a scuola.

   _____

3. Loro compreranno un vestito domani.

   _____

4. Noi studieremo la fisica l'anno prossimo.

   _____

5. I ragazzi guarderanno la partita di calcio in televisione.

   _____

6. Le madri vogliono vedere i figli contenti.

   _____

7. Giovanni aspetta l'autobus da mezzora.

   _____

8. Carlo vede me e Simone al centro commerciale spesso.

   _____

9. I professori correggono gli esami a casa.

   _____

10. La nonna cucina la pizza molto bene.

    _____

11. Simone accompagna te e Carlo all'aeroporto.

    _____

12. Loro guarderanno il film stasera.

    _____

13. Io penso di chiamare la mia amica più tardi.

    _____

14. Noi dobbiamo studiare la matematica al liceo.

    _____

15. Voi visiterete la nonna in estate.

    _____

| EXERCISE B | **Una scampagnata!**   You are organizing a picnic and your friend wants to find out who is bringing what. Tell her what each person is bringing using the direct object pronoun in your answer.

EXAMPLE: Chi porta le paste? (Susanna)
           _Le_ **porta Susanna.**

1. Chi porta il pane? (Antonio)   _____

2. Chi porta le bevande? (Sabrina)   _____

3. Chi porta gli affettati? (Stefano)   _____

4. Chi porta il ghiaccio? (Concetta)   _____

5. Chi porta il dolce? (Adriana)   _____

6. Chi porta le posate? (Carla)   _____

7. Chi porta le patatine? (Stefania)   _____

8. Chi porta l'insalata? (Maria)   _____

9. Chi porta la frutta? (Michele) _____

10. Chi porta i piatti? (Rocco) _____

11. Chi porta i tovaglioli? (Federico) _____

12. Chi porta l'acqua? (Anna) _____

13. Chi porta i biscotti? (Lia) _____

14. Chi porta il cocomero? (Pietro) _____

15. Chi porta la tovaglia? (Nicola) _____

EXERCISE C   **Per conoscerci meglio.** Answer each question using a direct object pronoun.

EXAMPLE: Accompagni la tua amica al negozio?
            Si, l'accompagno. OR **No, non l'accompagno.**

1. Guidi la macchina a scuola?

   _____

2. Porti sempre i compiti in classe?

   _____

3. Ascolti spesso il tuo ipod?

   _____

4. Guardi il telefonino quando sei in classe?

   _____

5. Chi prepara la cena a casa tua?

   _____

6. Visiterai i tuoi nonni in estate?

   _____

7. Quando finirai il liceo?

   _____

8. Fai le gare dopo scuola?

   _____

9. Conosci tutti gli studenti nella tua classe?

_____

10. Segui le lezioni con attenzione?

_____

EXERCISE D   **Cosa?**   Answer the following questions using a direct object pronoun.

EXAMPLE: Vi posso scrivere?
            Sì, ci puoi scrivere.   OR   **No, non puoi scriverci.**

1. Mi senti?

_____

2. Ci vedi?

_____

3. Mi hai capito?

_____

4. Ti ha scritto?

_____

5. Vi incontrerò?

_____

6. Signora, l'aspetto?

_____

7. Caterina, mi vieni a prendere?

_____

8. Ci ascolti?

_____

9. Ci telefonerai domani?

_____

10. Mi guardi?

_____

EXERCISE E   **Cosa vogliono fare?**   Tell what each person wants to do, rewriting each sentence using the direct object pronoun. Use both answers.

EXAMPLE: Io voglio comprare la pizza.   **Io *la* voglio comprare.**
Io voglio comprar*la*.

1. Cristina vuole chiamare l'amica.   _____

    _____

2. Io voglio correre la maratona di Boston.   _____

    _____

3. Noi vogliamo visitare l'Italia.   _____

    _____

4. Caterina vuole imparare a ballare il tango.   _____

    _____

5. I ragazzi vogliono comprare i vestiti.   _____

    _____

6. Mio padre vuole lavare la macchina.   _____

    _____

7. I giocatori vogliono vincere le partite.   _____

    _____

8. Gli studenti non vogliono fare i compiti.   _____

    _____

9. Voi volete guardare i cartoni animati.   _____

    _____

10. Loro vogliono usare il telefonino.   _____

    _____

EXERCISE F   **Avete mangiato tutto?**   You had some friends over the house and you and your friends ate all the food your mother bought last night. Answer her questions using a direct object pronoun in your answer.

EXAMPLE: Chi ha mangiato la pizza? (io)
Io l'ho mangiata.

1. Chi ha mangiato le mele? (noi)

   _____

2. Chi ha mangiato i panini? (Giovanni)

   _____

3. Chi ha mangiato il formaggio? (Andrea)

   _____

4. Chi ha mangiato le banane? (Stefano e Carlo)

   _____

5. Chi ha mangiato la pasta? (i ragazzi)

   _____

6. Chi ha mangiato la bistecca? (Marisa)

   _____

7. Chi ha mangiato i croccantini? (io e Davide)

   _____

8. Chi ha mangiato la torta? (Adriana)

   _____

9. Chi ha mangiato il gelato? (Giancarlo)

   _____

10. Chi ha mangiato le patatine? (noi tutti)

    _____

11. Chi ha mangiato la frutta? (Simona)

    _____

12. Chi ha mangiato i biscotti? (loro)

    _____

13. Chi ha mangiato le uova? (noi)

    _____

14. Chi ha mangiato gli gnocchi? (Margherita e Corina)

    _____

15. Chi ha mangiato lo yogurt? (Cristina)

    _____

2.   The Expression *ecco!* and the Direct Object Pronouns

The direct object pronouns attach to the expression *ecco!* It is used to point to something in your presence.

eccomi	*here I am!*	**eccoci**	*here we are!*
eccoti	*here you are!*	**eccovi**	*here you are!*
eccolo	*here he is!*	**eccoli**	*here they (m.) are!*
eccola	*here she is!*	**eccole**	*here they (f.) are!*

Dov'è la mamma?   Ecco*la*!

Dove sono i miei soldi?   Ecco*li*!

EXERCISE G   **Non trovo niente.**   You are running late and cannot find anything, even though the things you are looking for are all around you. Your mother helps you out.

EXAMPLE: TU: Dove sono i miei compiti?

              MAMMA: **Eccoli!**

1. TU: Dov'è la mia penna blu?

   MAMMA: _____

2. TU: Dov'è il mio zaino?

   MAMMA: _____

3. TU: Dove sono le mie chiavi?

   MAMMA: _____

4. TU: Dov'è il mio libro d'italiano?

   MAMMA: _____

5. TU: Dove sei, mamma?

   MAMMA: _____

6. TU: Dov'è la mia cartella grigia?

   MAMMA: _____

7. TU: Dove sono i soldi per il pranzo?

   MAMMA: _____

8. TU: Dov'è il mio ombrello?

   MAMMA: _____

9. TU: Dov'è il mio cappotto?

   MAMMA: _____

10. TU: Dov'è il mio telefonino?

   MAMMA: _____

3.   Indirect Object Pronouns

An indirect object indicates the person to whom the action of the verb is directed. It answers the question *for whom, to whom*. It usually refers to a person. An indirect object pronoun replaces the indirect object.

SINGULAR	PLURAL
mi *to, for me*	**ci** *to, for us*
ti *to, for you* (familiar)	**vi** *to, for you* (familiar)
gli *to, for him*	**gli** *to, for them* (m.)
le *to, for her*	**loro** *to, for them* (f.)
Le *for you* (formal)	**Gli or Loro** *to, for you* (formal)*
*In contemporary Italian, **gli** is more commonly used than **loro**.	

Mia madre *mi* ha regalato un telefonino.   *My mother gave me a cell phone as a gift.*
Io *gli* parlo ogni giorno.   *I talk to him every day.*

a. The indirect object pronouns (like the direct object pronouns) precede the conjugated verb, except the pronoun *loro,* which follows the conjugated verb.

Offri un caffè *a Maria*?   Sì, *le* offro un caffè.

Telefoni *ai tuoi amici* la sera?   { Sì, *gli* telefono la sera.
   Sì, telefono *loro* la sera. }

b. When there are two verbs in a sentence, one conjugated and one in the infinitive form, the indirect object pronoun may be placed in front of the conjugated verb, or attached to the infinitive after dropping the final *-e.*

Io devo dare il libro *a Sandra*.   { Io *le devo* dare il libro.
   Io devo dar*le* il libro. }

c. In the *passato prossimo*, the indirect object pronoun is placed before the helping verb, and the participle **does not** agree with it.

Abbiamo parlato *alla ragazza* a scuola.   *Le* abbiamo parlato a scuola.

Ho chiesto un passaggio *ai miei amici*.   { *Gli* ho chiesto un passaggio.
   Ho chiesto *loro* un passaggio. }

Some commonly used verbs that take an indirect object pronoun are:

chiedere	*to ask*	**prestare**	*to lend*
***consigliare**	*to advise*	**regalare**	*to give a gift*
dare	*to give*	***rispondere**	*to answer*
***dire**	*to tell*	**scrivere**	*to write*
domandare	*to ask a question*	**spedire**	*to mail*
insegnare	*to teach*	**spiegare**	*to explain*
mandare	*to send*	***telefonare**	*to telephone*
offrire	*to offer*	**volere bene**	*to love, to care about*
parlare	*to talk*		

*These verbs take an indirect object in Italian.

Noi telefoniamo *ai nonni* ogni settimana.
We telephone our grandparents every week.

Noi *gli telefoniamo* ogni settimana.
We telephone them every week.

Mia madre ha regalato un ipod *a mia sorella*.
My mother gave my sister an ipod as a gift.

Mia madre *le* ha regalato un ipod.
My mother gave her an ipod.

Loro hanno scritto un e-mail *a noi*.
They wrote an e-mail to us.

Loro *ci* hanno scritto un e-mail.
They wrote us an e-mail.

EXERCISE H   **Ripeti per favore.**   Rewrite the sentence substituting the indirect object with a pronoun.

EXAMPLE: Io parlo **a Carlo** in classe.   Io **gli** parlo in classe.

1. I genitori consigliano ai figli di studiare. _____

2. Noi prestiamo la penna a Davide. _____

3. Io ho chiesto un passaggio a Marta. _____

4. La signora offre un gelato a noi. _____

5. Tu dici la verità ai tuoi genitori. _____

6. Voi date i compiti ai professori. _____

7. Laura ha scritto un e-mail a tutti i suoi amici. _____

8. Noi non rispondiamo agli amici. _____

9. Stefano dà un regalo a Michele. _____

10. Mario presta il suo libro a Carla. _____

11. Io comprerò una macchina a mio figlio. _____

12. Mio padre ha portato i fiori a mia madre.   _____

13. Gianni presta la macchina a te.   _____

14. Io scrivo a voi su Facebook.   _____

| EXERCISE I | **I regali di Natale.** Say what gifts Giovanni gave his family and friends for Christmas. |

EXAMPLE: A suo fratello, un CD   **Gli ha regalato un CD.**

1. A me, un maglione   _____

2. A Gianfranco, una cravatta   _____

3. Alle sorelle, dei biglietti per un concerto   _____

4. Ai genitori, dei biglietti per l'opera   _____

5. Ai nonni, dei cioccolatini   _____

6. Alla sua amica Giulia, una maglietta   _____

7. A te, una borsa   _____

8. Alla zia, una gonna   _____

9. Alla sua amica Stella, un vaso   _____

10. A suo zio, un pallone   _____

| EXERCISE J | **Quale pronome?** Rewrite each sentence using either a direct or an indirect object pronoun in your answer. |

EXAMPLE: Noi abbiamo studiato l'italiano.   Noi **lo** abbiamo studiato.

1. Parlavano a Marco.   _____

2. Ho spedito la lettera.   _____

3. Portiamo le rose.   _____

4. Hanno scritto a Carlo.   _____

5. Spiegava la lezione.   _____

6. Ha telefonato ai ragazzi.   _____

7. Aspettiamo gli studenti.   _____

8. Prenoterò i biglietti.   _____

9. Rispondo al professore. _____

10. Ho incontrato le amiche. _____

| **EXERCISE K** | **Quale pronome?**   Direct or indirect? Complete each sentence with either the direct or indirect object pronoun. |

EXAMPLE: Ieri io sono andata al centro commerciale. Ho comprato un paio di scarpe.
Sono tornata a casa, e **le** ho mostrat**e** a mia figlia.

1. Concetta telefona ai suoi amici molto spesso. Lei _____ telefona al cellulare quasi
   ogni giorno dopo scuola e _____ invita a casa sua per studiare insieme.

2. I miei amici hanno organizzato una festa di compleanno per me. _____
   hanno fatto una bella sorpresa ed io _____ ho ringraziati per tutti i regali che
   _____ hanno comprato.

3. Quando la mia nonna non sta bene, io _____ visito e _____ porto del mi-
   nestrone che mia madre prepara con molta cura. Noi _____ vogliamo molto bene,
   e vogliamo aiutar _____ a guarire al più presto.

4. Tu sei molto fortunato, hai amici molto generosi. Quando dimentichi il tuo libro a casa,
   loro _____ prestano il libro e tu _____ usi senza dire niente. Il professore
   non si accorge che che tu non hai il libro.

5. Noi impariamo molto nella classe d'italiano. Oggi il professore _____ ha in-
   segnato i pronomi. Noi _____ abbiamo capiti e siamo molto contenti di poter
   _____ usare.

CHAPTER 8
THE VERB *PIACERE*

1. Present Tense

The verb *PIACERE* (to like, to please) is not conjugated like most verbs. Instead of saying "I like pasta" what you say in Italian is "Pasta is pleasing to me."

mi piace	mi piacciono	*I like*
ti piace	ti piacciono	*you like*
gli piace	gli piacciono	*he likes*
le piace	le piacciono	*she likes*
ci piace	ci piacciono	*we like*
vi piace	vi piacciono	*you* (pl) *like*
gli piace	gli piacciono	*they like*

NOTES:

1. The verb *PIACERE* is preceded by indirect-object pronouns, not subject pronouns.

2. Only two forms of the verb are generally used (*piace, piacciono*) and they agree with "what" is liked, not "who" likes the item.

   EXAMPLES: **Mi piace il gelato.** *I like ice cream.*

   Mi piacciono i fiori. *I like flowers.*

3. When *PIACERE* is followed by one or more verbs, the singular form is always used.

   EXAMPLES: **Ci piace parlare italiano.** *We like to speak Italian.*

   Ti piace sciare e pattinare? *Do you like to ski and skate?*

4. When the person who *likes* is expressed by a proper name or a common noun, the preposition **a** is used in front of the noun.

   EXAMPLES: **Agli americani piace la cucina italiana.** *Americans like Italian cuisine.*

   A Marina piacciono molto gli animali. *Marina likes animals a lot.*

   A noi piace stare insieme. *We like to be together.*

5. The negative form of *PIACERE* is formed by adding **non** before the conjugated verb.

   EXAMPLES: **Non mi piace il buio.** *I don't like the dark.*

   Non vi piacciono questi biscotti? *Don't you like these cookies?*

EXERCISE A   Ah, i cibi!   List all the foods that you like.

EXAMPLES: **Mi piace la pasta.**
              Mi piacciono i ravioli.

1. _____
2. _____
3. _____
4. _____
5. _____
6. _____
7. _____
8. _____
9. _____
10. _____

EXERCISE B   I gusti sono gusti.   List foods that you don't like.

EXAMPLES: **Non mi piace il tonno.**
              Non mi piacciono gli spinaci.

1. _____
2. _____
3. _____
4. _____
5. _____
6. _____
7. _____
8. _____
9. _____
10. _____

| EXERCISE C | **Ciò che mi piace**   List six activities that you like and/or don't like to do each season. |

EXAMPLES: **In autunno mi piace fare lunghe passeggiate.**
In estate non mi piace stare in casa.

A primavera: In autunno:

_____   _____

_____   _____

_____   _____

_____   _____

_____   _____

In estate: In inverno:

_____   _____

_____   _____

_____   _____

_____   _____

_____   _____

| EXERCISE D | **Insieme**   What are the activities that you like to do with your friends? |

EXAMPLE: **Ci piace ridere insieme.**

1. _____

2. _____

3. _____

4. _____

5. _____

6. _____

7. _____

8. _____

EXERCISE E | **A ciascuno il suo.** Everyone has individual tastes. Name eight people you know and state one thing they like and one they do not like.

EXAMPLE: **A mio fratello Mico piace andare in bicicletta ma non gli piace fare lo shopping.**

1. _____

2. _____

3. _____

4. _____

5. _____

6. _____

7. _____

8. _____

EXERCISE F | **Varietà** Change the following sentences using pronouns.

EXAMPLE: **A Federico** piace ballare il tango.   **Gli** piace ballare il tango.

1. A lei piacciono le rose rosse. _____

2. A voi piace uscire insieme. _____

3. Agli studenti piace andare in gita. _____

4. A noi piacciono i film stranieri. _____

5. A me piace fare spese in centro. _____

6. A Bruna piacciono le lasagne. _____

7. Ai nonni piace ricevere nostre notizie. _____

8. A mia madre piace avere tempo libero. _____

9. A voi piacciono le macchine sportive. _____

10. A te piacciono i cappelli? _____

11. A me non piacciono gli insetti! _____

12. A Leonardo piace la musica rock. _____

13. A noi piace divertirci insieme. _____

14. A te piace il prosciutto importato. _____

15. Al ragazzo piace fare lo sport. _____

2.   Present Perfect, Imperfect and Future Tenses of *PIACERE*

a. In the present perfect tense, the verb *PIACERE* is conjugated with the auxiliary verb *ESSERE*. The past participle agrees with the object that is liked. As in the present tense, the third person singular and plural are most commonly used.

EXAMPLES: **Mi è piaciuto il ristorante italiano.**   *I liked the Italian restaurant.*
　　　　　　Le è piaciuta la crociera.   *She liked the cruise.*
　　　　　　Non ti sono piaciuti i regali?   *Didn't you like the gifts?*
　　　　　　Gli sono piaciute le canzoni.   *They liked the songs.*

mi è piaciuto(a)	mi sono piaciuti(e)	*I liked*
ti è piaciuto(a)	ti sono piaciuti(e)	*you liked*
gli è piaciuto(a)	gli sono piaciuti(e)	*he liked*
le è piaciuto(a)	le sono piaciuti(e)	*she liked*
ci è piaciuto(a)	ci sono piaciuti(e)	*we liked*
vi è piaciuto(a)	vi sono piaciuti(e)	*you liked*
gli è piaciuto(a)	gli sono piaciuti(e)	*they liked*

EXERCISE G   **Carnevale di Venezia!**   I loved spending time at this famous celebration. These are the things that I liked most.

EXAMPLE: L'allegria della città   **Mi è piaciuta l'allegria della città.**

1. Le bellissime maschere   _____

2. I fantastici costumi   _____

3. L'incredibile Piazza San Marco   _____

4. Viaggiare in vaporetto   _____

5. Le gondole così romantiche   _____

6. Il maestoso Palazzo dei Dogi   _____

7. La deliziosa cucina veneta   _____

8. I delicati vetri di Murano   _____

9. I romantici canaletti   _____

10. Il famoso Ponte Rialto   _____

11. La bellissima Ca' d'Oro   _____

12. Il classico concerto di Vivaldi   _____

13. I divertenti balli in maschera _____

14. Gettare coriandoli e nastri filanti _____

15. Le sfilate dei mascherati _____

| **EXERCISE H** | **Un po' di te**   Answer the following questions based on your likes and dislikes. |

EXAMPLE: Ti è piaciuta la cena ieri sera?   **Si mi è piaciuta.**

1. Quale film ti è piaciuto ultimamente?

_____

2. Che cosa non ti è piaciuto fare questa settimana?

_____

3. Ti sono piaciuti i voti della tua pagella?

_____

4. Ti è piaciuta l'ultima partita che hai visto?

_____

5. Quale vacanza ti è piaciuta di più?

_____

6. Ti sono piaciute le materie che hai studiato l'anno scorso?

_____

7. Quale libro ti è piaciuto molto?

_____

8. Che cosa non ti è piaciuto fare ultimamente?

_____

| **EXERCISE I** | **Ecco perchè**   After a trip to the farmers' market explain that you didn't buy certain produce because you didn't like it. Complete the sentences. |

EXAMPLE: Non ho comprato i fagiolini perchè non **mi sono piaciuti.**

1. Non ho comprato il cocomero perchè non _____ .

2. Non ho comprato le banane perchè non _____ .

3. Non ho comprato il prezzemolo perchè non _____ .

4. Non ho comprato l'insalata perchè non _____ .

5. Non ho comprato i fichi perchè non _____ .

6. Non ho comprato le fragole perchè non _____ .

7. Non ho comprato la verdura perchè non _____ .

8. Non ho comprato il formaggio perchè non _____ .

9. Non ho comprato i finocchi perchè non _____ .

10. Non ho comprato il basilico perchè non _____ .

b. The imperfect and the future tenses of *PIACERE* follow the same patterns as the other tenses.

EXAMPLES: **Mi piaceva giocare con le bambole.**   *I used to like playing with dolls.*
   Le piacevano i film gialli.   *She used to like suspense movies.*
   Ti piacerà il gelato italiano.   *You will like Italian ice cream.*
   Gli piaceranno i tuoi genitori.   *He will like your parents.*

EXERCISE J   **Buon viaggio!** We are getting ready for a trip to Calabria and we are looking forward to liking many things. State that we will like the following.

EXAMPLE: **Ci piaceranno i paesini del Sud d'Italia.**

1. La cucina calabrese   _____

2. I boschi dell'Aspromonte   _____

3. La Cattolica di Stilo   _____

4. Le spiaggie naturali   _____

5. Il mare pulito   _____

6. Gli agrumi profumati   _____

7. L'olio extra vergine d'oliva   _____

8. I resti della Magna Grecia   _____

9. Le tradizioni antiche   _____

10. L'amichevolezza delle persone   _____

PER ESPRIMERSI MEGLIO
I giocattoli

la bambola   *doll*

il trenino   *train set*

la palla   *ball*

le carte   *cards*

le macchinette   *automobile*

le biglie   *marbles*

la corda   *jump rope*

i soldatini   *soldiers*

il triciclo   *tricycle*

i pattini a rotelle   *roller skates*

EXERCISE K   **Da bambino.**   When we were young, we all had favorite toys. Which ones were yours? State if you liked or disliked the toys listed above.

EXAMPLE: **le figurine di baseball**   Mi piacevano le figurine di baseball.

1. _____

2. _____

3. _____

4. _____

5. _____

6. _____

7. _____

8. _____

9. _____

10. _____

EXERCISE L   **Ricordi d'infanzia**   Remember what you used to like as a child. List seven of your favorite memories.

EXAMPLE: **Mi piacevano le favole.**

1. _____

2. _____

3. _____

4. _____

5. _____

6. _____

7. _____

3.   The Verb *DISPIACERE*

The verb *DISPIACERE* is a false cognate since it means to be displeased or sorry. The most common form is *dispiace*. It is used with indirect object pronouns.

EXAMPLES: **Mi *dispiace* ma non posso uscire.**   *I am sorry but I cannot go out.*

Ti **dispiace** stare in casa?   *Are you sorry to stay home?*

A Mario **dispiace** quello che ha detto.   *Mario is sorry for what he said.*

NOTE: In the interrogative form the verb takes the meaning of "do you mind?" and it is usually followed by the infinitive form.

EXAMPLE: Ti **dispiace arrivare** presto?   *Do you mind arriving early?*

EXERCISE M   The following people apologize for their actions. Translate into Italian the following sentences.

EXAMPLE: I am sorry that I arrived late.   **Mi dispiace che sono arrivato in ritardo.**

1. You are sorry that you don't have enough money.

   _____

2. She is sorry that she couldn't finish the homework.

   _____

3. My friends are sorry that they cannot come to the movie.

   _____

4. Carlo is sorry that he said no.

   _____

5. We are sorry that we have to leave early.

   _____

6. The waiter is sorry that there are no available tables.

   _____

7. I am sorry for the mistake.

_____

8. They are sorry that they were not home.

_____

9. All of you are sorry that your friend is sick.

_____

10. Amelia is sorry that her vacation is over.

_____

| EXERCISE N | **Un po' di aiuto**   You ask a group of friends to help you get ready for a party. Translate the following sentences into English. |

EXAMPLES: Fabrizio, do you mind cooking   **Fabrizio, ti dispiace cucinare le lasagne?**
             the lasagna?

             Lia e Enzo, do you mind opening   **Lia e Enzo, vi dispiace aprire la porta?**
             the door?

1. Antonio, Roberto e Lisa, do you mind cleaning the house?

_____

2. Pina, do you mind going to the market?

_____

3. Elena e Anna, do you mind setting the table?

_____

4. Enrico, do you mind preparing the antipasto?

_____

5. Dino e Osvaldo, do you mind making the salad?

_____

6. Alessandro, do you mind helping me in the kitchen?

_____

7. Nicola, do you mind picking up the cake at the pastry shop?

_____

8. Vanessa, do you mind buying the flowers?

_____

9. Davide, do you mind choosing the music?

_____

10. Serena e Chiara, do you mind serving the coffee?

_____

4.   Other Verbs Like *PIACERE*

These verbs are conjugated like *PIACERE* and have only two forms used with the indirect-object pronouns.

> **mancare**   *to be lacking, to miss*
>
> **bastare**   *to be enough*
>
> **interessare**   *to be interested in*
>
> **occorrere**   *to need*
>
> **servire**   *to need*
>
> **restare**   *to have left over (remaining)*
>
> **sembrare**   *to seem, to appear*

| EXERCISE O | **Dillo in italiano**   Express the following sentences in Italian.

EXAMPLE: She is sorry not to be able to go.   **Le dispiace non poter andare.**

1. We like every type of music.   _____

2. They need your telephone number.   _____

3. All of you are missing your friends!   _____

4. Ten euros are enough for lunch.   _____

5. Do you mind speaking to the teacher?   _____

6. She has only a few dollars left over.   _____

7. She is missing her passport!   _____

8. We need the answers to all the questions. _____

9. They seem very happy to us.   _____

10. I only have a few presents left to buy. _____

11. Do you miss your parents?   _____

12. We are not lacking anything!   _____

EXERCISE P   **Parla di te**   Answer the following questions in complete sentences.

EXAMPLE: Ti serve qualcosa?   **Sì, mi servono gli stivali da sci.**

1. Che cosa non ti piace fare la sera?

_____

2. Ai tuoi genitori piacciono i tuoi amici?

_____

3. Che cosa occorre fare per avere buoni voti?

_____

4. Quanti giorni restano prima delle vacanze?

_____

5. Dimmi una cosa che non ti piace dei tuoi amici.

_____

6. Ti pare giusto che non puoi usare il telefonino in classe?

_____

7. Che cosa ti manca oggi?

_____

8. Ti sembrano bravi i tuoi professori?

_____

EXERCISE Q   **Ripensando**   Thinking back to last year complete the following sentences.

EXAMPLE: **L'anno scorso mi è servita una racchetta da tennis nuova.**

L'anno scorso . . .

(1.) non mi è piaciuto _____ .

(2.) mi è piaciuto _____ .

(3.) mi è mancato _____ .

(4.) mi è dispiaciuto _____ .

(5.) non mi è dispiaciuto _____ .

(6.) mi è sembrato _____ .

(7.) mi è servito _____ .

(8.) non mi è servito _____ .

(9.) mi è bastato _____ .

(10.) non mi è bastato _____ .

CHAPTER 9
Prefixes, Suffixes and Exclamations

Prefixes and suffixes are one or more letters attached to a word. A prefix is attached at the beginning, a suffix is attached at the end of a word. In Italian it is very easy to increase and enrich your vocabulary by using prefixes and suffixes. Exclamations, instead, render our language more genuine and alive.

1.   Prefixes

a. To express the opposite meaning

in-

giusto	*just*	**ingiusto**	*unjust*
felice	*happy*	**infelice**	*unhappy*
solito	*usual*	**insolito**	*unusual*
utile	*useful*	**inutile**	*useless*

s-

vantaggioso	*advantageous*	**svantaggioso**	*disadvantageous*
fortunato	*lucky*	**sfortunato**	*unlucky*
contento	*happy*	**scontento**	*unhappy*
conveniente	*convenient*	**sconveniente**	*inconvenient*

dis-

organizzato	*organized*	**disorganizzato**	*disorganized*
ordinato	*orderly*	**disordinato**	*disorderly*
onesto	*honest*	**disonesto**	*dishonest*
interessato	*interested*	**disinteressato**	*disinterested*

EXERCISE A	**Al contrario.** Referencing the above list, rewrite each sentence stating the opposite.

EXAMPLE: È una coppia felice.   **È una coppia infelice.**

1. I compagni sono contenti.   _____

2. Era una persona onesta.   _____

3. Il progetto era organizzato.   _____

4. La sua camera è ordinata.   _____

5. Il ragazzo è interessato allo sport.   _____

6. Questo è un prezzo vantaggioso.   _____

7. La ragazza è fortunata.   _____

8. Andare al lavoro in autobous è conveniente.   _____

9. I regolamenti sono giusti.   _____

10. È utile telefonare agli amici durante il giorno.   _____

    b. To emphasize that something is "extra" or "very"

        stra-

pieno	*full*	**strapieno**	*overfilled*
colmo	*filled*	**stracolmo**	*overflowing*
cotto	*cooked*	**stracotto**	*overcooked*
carico	*loaded*	**stracarico**	*overloaded*

        sopra-

elevato	*elevated*	**sopraelevato**	*overhead*
naturale	*natural*	**soprannaturale**	*supernatural*
tutto	*all*	**sopratutto**	*above all*
indicato	*mentioned*	**sopraindicato**	*above mentioned*

    c. To state the location of something

        sotto-

suolo	*ground*	**sottosuolo**	*underground*
mano	*hand*	**sottomano**	*within reach*
sviluppato	*developed*	**sottosviluppato**	*underdeveloped*
sopra	*up*	**sottosopra**	*upside down*

    d. To indicate repetition of an action

        ri-

leggere	*read*	**rileggere**	*to reread*
mettere	*to put*	**rimettere**	*to put again*
vedere	*to see*	**rivedere**	*to see again*
fare	*to do*	**rifare**	*to redo*

2.   Suffixes

You can modify a noun or an adjective simply by changing the ending.

EXAMPLES: **una palla** *a ball*

             una pallina *a small (golf) ball*

             un pallone *a large (soccer) ball*

    a. *-issimo* is added to adjectives to mean "very" (adjectives that end in *-co, -ca* add an *h* before *-issimo*).

        EXAMPLES: **bello** *beautiful*   **bellissimo** *very beautiful*

                    stanco *tired*   **stanchissimo** *very tired*

b. *-ino, -etto* is added to nouns to denote *small, little* or *endearing*.

EXAMPLES: **tavolo**   *table*   **tavolino**   *small table (coffee table)*
            uccello *bird*   **uccellino** *little bird*
            cugina   *cousin*   **cuginetta** *little, cute cousin*
            scarpe   *shoes*   **scarpette** *small shoes, slippers*

c. *-one* implies size (in this form feminine nouns change to the masculine).

EXAMPLES: **giacca**   *jacket*   **giaccone**   *heavy jacket*
            naso   *nose*   **nasone**   *big nose*

d. *-uccio* connotes *small* and *cute*.

EXAMPLES: **letto**   *bed*   **lettuccio** *small bed*
            bocca   *mouth*   **boccuccia** *small mouth*

e. *-accio* signifies *ugly, awful*

EXAMPLES: **tempo**   *weather*   **tempaccio** *bad, stormy weather*
            parola *word*   **parolaccia** *swear, bad word*

EXERCISE B   **Più o meno**   Change the following nouns adding a suffix to make the meaning smaller and bigger.

EXAMPLE: ragazzo   **ragazzino**   **ragazzone**

1. finestra   _____   _____

2. naso   _____   _____

3. tavolo   _____   _____

4. mano   _____   _____

5. stanza   _____   _____

6. minestra   _____   _____

7. medaglia   _____   _____

8. cappello   _____   _____

9. letto   _____   _____

10. piede   _____   _____

11. ombrello   _____   _____

EXERCISE C   **Bello o brutto**   Translate the following expressions using the suffixes *-uccio* or *-accio*.

1. a cute nose   _____

2. an ugly, torn hat   _____

3. a bad boy   _____

4. an ugly road   _____

5. a bad book   _____

6. a really bad day   _____

7. a cute, small gift   _____

8. a big, ugly bird   _____

9. a worthless paper   _____

10. an ugly boat   _____

EXERCISE D   **Apparecchiamo la tavola**   Different utensils are used for different foods. Think about setting the table and complete the following sentences.

EXAMPLE: Per avere l'acqua uso la bottiglia e per il condimento uso **la bottiglina**.

1. Per mangiare la zuppa uso il cucchiaio e per il gelato uso _____ .

2. Per tagliare la bistecca uso il coltello, e per il burro _____ .

3. Per mangiare gli spaghetti uso la forchetta e per la torta _____ .

4. Per bere l'acqua uso il bicchiere e per il digestivo uso _____ .

5. Per mangiare la pasta uso il piatto e per il pane uso _____ .

6. Per bere il tè uso la tazza e per il caffè espresso uso _____ .

EXERCISE E   **In altre parole**   Restate the following adjectives to add emphasis.

EXAMPLE: molto veloce   **velocissimo**

1. molto chiaro   _____

2. molto facile   _____

3. molto triste   _____

4. molto vicino   _____

5. molto piano   _____

6. molto arrabbiato   _____

7. molto caldo   _____

8. molto grazioso   _____

9. molto caro   _____

10. molto piccolo   _____

EXERCISE F   **Chiariamo le cose**   Rewrite the following statements using the diminuitive form *-etto*.

EXAMPLE: È una giovane ragazza molto simpatica.   **È una ragazzetta molto simpatica.**

1. È un piccolo libro facile da leggere.

   _____

2. Hanno comprato una piccola casa per le vacanze vicino al mare.

   _____

3. La maglia è di lana verde con una piccola manica gialla.

   _____

4. A Venezia abbiamo camminato per piccoli canali nel centro.

   _____

5. Ha cantato una breve canzone molto melodica in italiano.

   _____

6. Nel dormitorio avevamo una camera molto piccola da dividere in due.

   _____

7. Invece di una torta hanno servito piccoli dolci alle mandorle deliziosi.

   _____

8. La sera preferisco portare una borsa molto piccola solo per i soldi e le chiavi.

   _____

9. Il negozio vende i tradizionali piccoli carri siciliani.

   _____

10. Il centro storico della città ha molte strade strette.

   _____

EXERCISE G   **In giro per l'Italia**   While on a grand tour of Italy, Maria writes home about the many beauties of the country. Complete each statement saying that things are even better than she imagined.

EXAMPLE: L'Italia non è bella, è **bellissima**.

1. Venezia non è cara, è _____ .

2. Il Vaticano non è piccolo, è _____ .

3. Il caffè espresso non è buono, è _____ .

4. Le Dolomiti non sono alte, sono _____ .

5. Il Colosseo non è antico, è _____ .

6. La cucina italiana non è variata, è _____ .

7. Il Davide non è bello, è _____ .

8. Le piazze non sono numerose, sono _____ .

9. Piazza San Marco non è affollata, è _____ .

10. I gelati non sono cremosi, sono _____ .

3.   Exclamations

Exclamations are used to express emotions, and to add color to the language.

a. Che ...!   *What ...!, how ...!*

EXAMPLES: **Che idea!**   *What an idea!*
             Che delizioso!   *How delicious!*

> **Espressioni**
>
> **Che bello!**   *How nice!*
>
> **Che barba!**   *How boring!*
>
> **Che bravo!**   *How good!*
>
> **Che carino!**   *How cute!*
>
> **Che peccato!**   *What a sin!, what a shame!*

b. Come ...!   *How ...!* (generally followed by a verb and an adjective)

EXAMPLES: **Come sei generoso!**   *You are so generous! (How generous you are!)*
             Come ballate bene!   *You dance so well! (How well you dance!)*

c. Quanto ...!   *So much, so many ...!* (It agrees with the noun that follows it.)

EXAMPLES: **Quanta neve!**   *So much snow!*
              Quanti soldi!   *So much money!*

| EXERCISE H |

Complimenti!   Everyone is happy to receive compliments. During his exchange stay in Italy John often complimented the family. Translate into Italian some of the things he said.

EXAMPLE: What a beautiful house!   **Che bella casa!**

1. What a comfortable kitchen!   _____

2. What a magnificent view!   _____

3. What a delicious meal!   _____

4. What an interesting square!   _____

5. What romantic music!   _____

6. What friendly dogs!   _____

7. What dear grandparents!   _____

8. What beautiful photographs!   _____

9. What a fun day!   _____

10. What small cars!   _____

| EXERCISE I |

Ancora complimenti   John is impressed by many things in Italy. Use the clues given to formulate a compliment.

EXAMPLE: to eat/Italians   **Come mangiano bene gli italiani!**

1. to sing/Pavarotti   _____

2. to dress/your mother   _____

3. to cook/your grandmother   _____

4. to speak English/you   _____

5. to play soccer/your friends   _____

6. to drive/your father   _____

7. to dance/your brother   _____

| EXERCISE J |

Roma Caput Mundi!   During a short trip to Rome you comment on how many things make the Italian capital special. List them.

EXAMPLE: tourists   **Quanti turisti!**

1. churches   _____

2. history   _____

3. fountains   _____

4. monuments   _____

5. traffic   _____

6. stores   _____

7. museums   _____

8. statues   _____

9. squares   _____

10. restaurants _____

PER ESPRIMERSI MEGLIO
Auguri ed esclamazioni

Auguri! *Best wishes*

Congratulazioni! *Congratulations*

Buon Anno! *Happy New Year*

Buon Capodanno! *Happy New Year's Day!*

Buon appetito! *Enjoy your meal*

Buon compleanno! *Happy birthday*

Buon divertimento! *Have a good time*

Buona Festa! *Happy Holiday*

Buona fortuna! *Good luck*

Buona giornata! *Have a great day*

Buon Natale! *Merry Christmas*

Buona Pasqua! *Happy Easter*

Buona serata! *Enjoy the evening*

Buone vacanze! *Have a great vacation*

Buon viaggio! *Bon voyage*

Aiuto! *Help!*

Attenzione! *Be careful, Watch out!*

Bravo! *Well done!*

Boh! *I don't know!*

Chissà! *Who knows!*

Cin Cin!, Salute! *Cheers!*

D'accordo! *Agreed, OK!*

Dai! *Come on!*

In bocca al lupo! *Break a leg!*

Meno male! *Thank goodness!*

Macchè! *No way!*

Magari! *I wish!, If it were only true!*

Ma va! *I don't believe it!*

Peccato! *Too bad!*

Salute! *God bless you!*

Va bene! *OK!*

Va via!, Vattene! *Go away!*

Volentieri! *Gladly!*

• **Caspita!** *For goodness sake!*

• **Mamma mia!** *Dear me!*

• **Dio mio!** *My God!*

These exclamations have many translations since they can express a multitude of emotions such as surprise, horror, shock, delight.

EXERCISE K   **Un'espressione per ogni occasione!** For each situation write a wish or an exclamation.

EXAMPLE: Un amico parte per la spiaggia in estate.   **Buona vacanza!**

1. Un ragazzo ti da' fastidio.   _____

2. Alla festa di Capodanno   _____

3. Tuo padre esce per andare al lavoro.   _____

4. È l'anniversario dei tuoi nonni.   _____

5. Un amico ha un esame molto difficile.   _____

6. Accetti di andare al cinema con amici.   _____

7. Tua sorella esce per andare ad una festa.   _____

8. Mamma e papà vanno a teatro.   _____

9. Sogni di ricevere A+ in tutte le materie.   _____

10. Vuoi incoraggiare tuo fratello.   _____

11. Per Thanksgiving o per Hanukkah   _____

12. Un amico ti racconta una storia incredibile.   _____

13. Tua madre ti chiede un favore.   _____

14. I tuoi amici ti chiedono qualcosa che non sai.   _____

15. Sei sorpreso, scioccato e felice allo stesso tempo. _____

EXERCISE L   **Una foto vale cento parole!** What would you say in these situations?

1. _____   2. _____

3. _____

4. _____

5. _____

6. _____

7. _____

8. _____

9. _____

10. _____

CHAPTER 10
The Impersonal *si*

Verbs which do not have a determinate subject are called impersonal verbs. All verbs can be used impersonally. They are constructed as follows.

a. The construction *si* + the verb in the third person singular is used to express the English impersonal construction *one, we, they, people* + verb.

> EXAMPLES: **Si *parla* italiano in classe.**   *One speaks Italian in class.*
>
> **Si *cena* tardi in Italia.**   *They eat dinner late in Italy.*

b. When *si* + verb is followed by a plural noun, the third person plural of the verb is used.

> EXAMPLES: **Si *studiano* molte *materie* a scuola.**   *We study many subjects in school.*
>
> **Si *dicono* tante *cose* quando si chiacchiera.**   *You say many things when you chat.*

c. In the impersonal *si* construction, compound tenses are always conjugated with *ESSERE*. However, the past participle of verbs that normally take *AVERE* keep the **-o** ending, while those that take *ESSERE*, change the ending to **-i**.

> EXAMPLES: **Ieri sera *si è mangiato* bene in quel ristorante.**   *Last night we ate well in that restaurant.*
>
> **Si è *andati* al mare in Sicilia l'estate scorsa.**   *We went to the beach in Sicily last summer.*

d. In colloquial speech *si* is used to mean **noi**.

> EXAMPLES: **Si parte alle sei.**   *We are leaving at six.*
>
> **Non *si* fa questo.**   *We don't do this.*

e. When the impersonal *si* construction is used with reflexive verbs, the particle ci is used.

> EXAMPLES: (svegliarsi)   **Ci si sveglia alle sei.**   *One gets up at six.*
>
> (mettersi)   **Ci si mette il cappotto perchè fa freddo.**   *One puts on a coat because it is cold.*

PER ESPRIMERSI MEGLIO

Negozi e oggetti

il negozio di abbigliamento *clothing store*	**il panificio** *bakery*	**la gelateria** *ice cream shop*
il negozio di elettrodomestici *appliance store*	**la pasticceria** *pastry shop*	**i mobili** *furniture*
il negozio di alimentari *grocery store*	**la libreria** *bookstore*	**i pasticcini** *small pastries*
la calzoleria *shoe store*	**il tabaccaio** *stamp and tobacco store*	**la biancheria intima** *intimate apparel*
l'edicola *newsstand*	**la cartoleria** *stationary store*	**l'asciugacapelli** *hair dryer*

EXERCISE A **In quale negozio?** Using the impersonal *si* construction, use the first clue to ask where you can buy that item and the second clue to answer it.

EXAMPLE: le scarpe/una calzoleria

a. **Dove si comprano le scarpe?**

b. **Si comprano in una calzoleria.**

1. i vestiti/un negozio di abbigliamento

   a. _____

   b. _____

2. l'asciugacapelli/un negozio di elettrodomestici

   a. _____

   b. _____

3. la pizza/una pizzeria

   a. _____

   b. _____

4. una ricarica per il cellulare/un tabaccaio

   a. _____

   b. _____

5. i francobolli/un tabacchaio

   a. _____

   b. _____

6. il pane/un panificio

   a. _____

   b. _____

7. un libro/una libreria

   a. _____

   b. _____

8. i biglietti per l'autobus/all'edicola

   a. _____

   b. _____

9. la torta/una pasticceria

   a. _____

   b. _____

10. un quaderno/una cartoleria

   a. _____

   b. _____

EXERCISE B   **Come si dice in italiano?**   You are already familiar with the expression "come si dice?" Answer each question.

EXAMPLE: Come si dice *bookstore*?
   Si dice libreria.

1. Come si dice *clothing store*?

   _____

2. Come si dice *pay as you go cell phone card*?

   _____

3. Come si dice *newsstand*?

   _____

4. Come si dice *bakery*?

_____

5. Come si dice *sandwich*?

_____

6. Come si dice *appliances*?

_____

7. Come si dice *hairdryer*?

_____

8. Come si dice *shoe store*?

_____

9. Come si dice *stamps*?

_____

10. Come si dice *grocery store*?

_____

| EXERCISE C | **Dai, ragazzi!**   Tell your friends what you are about to do and invite them to join you. |

EXAMPLE: (*mangiare*)   **Dai, ragazzi, si mangia!**

1. (*partire*)   _____

2. (*andare*)   _____

3. (*ballare*)   _____

4. (*nuotare*)   _____

5. (*non fare*)   _____

6. (*ordinare*)   _____

7. (*giocare a calcio*)   _____

8. (*correre*)   _____

9. (*sciare*)   _____

10. (*non parlare*)   _____

11. (*ascoltare*)   _____

12. (*uscire*)   _____

EXERCISE D   **Le usanze.**   You are hosting Giulio, an exchange student from Italy. You explain some of our customs to him using the *noi* form. He repeats them using the impersonal *si* to be sure he understood. Write what Giulio says.

EXAMPLE: YOU: Noi viaggiamo quasi sempre in macchina.

GIULIO: **Allora, si viaggia quasi sempre in macchina.**

1. YOU: Facciamo colazione con cereali o pane tostato.

    GIULIO: _____

2. YOU: Partiamo da casa alle sette per andare a scuola

    GIULIO: _____

3. YOU: Pranziamo alla mensa della scuola.

    GIULIO: _____

4. YOU: Restiamo a scuola fino alle 14:30.

    GIULIO: _____

5. YOU: Giochiamo a calcio il pomeriggio con la squadra della scuola.

    GIULIO: _____

6. YOU: Ceniamo alle sei di sera.

    GIULIO: _____

7. YOU: Mettiamo la cintura di sicurezza quando siamo in macchina.

    GIULIO: _____

8. YOU: Il fine settimana rientriamo verso mezzanotte.

    GIULIO: _____

9. YOU: Non possiamo andare alle discoteche.

    GIULIO: _____

10. YOU: Organizziamo feste per divertirci.

    GIULIO: _____

EXERCISE E   **Le differenze culturali.**   Giulio explains to you what he and his friends do in Italy. This time he makes the statements in the *noi* form, and you restate them in the *si* form.

EXAMPLE: GIULIO: In Italia prendiamo solo un espresso a colazione.

    YOU: **Davvero si prende solo un caffè a colazione?**

1. GIULIO: In Italia andiamo a scuola in motorino.

   YOU: _____

2. GIULIO: In Italia aspettiamo davanti alla scuola fino a quando suona la campana.

   YOU: _____

3. GIULIO: In Italia restiamo nella stessa aula con gli stessi compagni per tutte le classi.

   YOU: _____

4. GIULIO: In Italia non usiamo gli armadietti per i libri perchè non ci sono.

   YOU: _____

5. GIULIO: In Italia usciamo dalla scuola alle 13.

   YOU: _____

6. GIULIO: In Italia pranziamo a casa.

   YOU: _____

7. GIULIO: In Italia il pomeriggio studiamo o usciamo.

   YOU: _____

8. GIULIO: In Italia la sera ceniamo verso le 20.

   YOU: _____

9. GIULIO: In Italia il fine settimana andiamo a ballare.

   YOU: _____

10. GIULIO: In Italia non andiamo ai negozi tra le 13 e le 15 perchè sono chiusi.

    YOU: _____

| EXERCISE F | **Le buone maniere.** Help your little brother with good manners by telling him how to behave. |

EXAMPLE: dire parolacce (no)
   Non si dicono parolacce.

1. dire per favore e grazie. (sì)

   _____

2. gridare (no)

   _____

3. alzarsi in autobus per dare il posto ad un adulto. (sì)

_____

4. chiedere biscotti (no)

_____

5. fare i capricci (no)

_____

6. saltare sui divani (no)

_____

7. interrompere le conversazioni (no)

_____

8. toccare gli oggetti degli altri (no)

_____

9. pettinarsi in pubblico (no)

_____

10. salutare con cortesia (si)

_____

EXERCISE G	**Viaggiando per l'Italia.** While traveling through Italy, one sees these signs frequently. Translate them into English.

1. NON SI PARLA ALL'AUTISTA

_____

2. SI PREGA DI ASPETTARE

_____

3. SI PARLA INGLESE E FRANCESE

_____

4. SI ACCETTANO CARTE DI CREDITO

_____

5. SI PAGA ALLA CASSA

_____

6. | NON SI GETTA NIENTE DAL FINESTRINO |

_____

7. | SI PREGA DI NON FUMARE |

_____

8. | SI VENDONO BIGLIETTI D'AUTOBUS |

_____

9. | SI PREGA DI FARE SILENZIO |

_____

10. | NON SI TOCCA |

_____

11. | SI VENDE |

_____

12. | SI AFFITTA APPARTAMENTO |

_____

EXERCISE H   **La nostra gita.**   Your class went on a field trip to New York City. Describe the trip to your friend who missed the trip. Complete the paragraph with the impersonal _si_ form of the verbs listed under each blank in the past tense.

EXAMPLE: _____   **si è andati**
                    1. (andare)

L'anno scorso _____ in gita con la classe a New York. _____ di buon'ora e
                    1. (andare)   _2. (partire)_

_____ a Battery Park alle 10:30. _____ il battello per andare alla Statua della
3. (arrivare)   _4. (prendere)_

Libertà. Quando _____, il parco era molto bello. _____ un giro, _____
                  5. (arrivare)   _6. (fare)_   _7. (visitare)_

il museo, e _____ a Battery Park. Dopo, _____ a visitare Ground Zero,
              8. (ritornare)   _9. (andare)_

e _____ commossi dal posto. Il pomeriggio _____ a Times Square dove
    10. (rimanere)   _11. (fermarsi)_

_____ in un piccolo ristorante, e _____ delle compere nei negozi dei dintorni.
12. (pranzare)   _13. (fare)_

Infine _____ sull'Empire State Building. Che bella vista da lassù, proprio incantevole.
         14. (salire)

È stata una gita molto divertene e New York è davvero una bellissima città.

CHAPTER 11
The Conditional Tense

1. Present Conditional (*Condizionale Presente*) of Regular Verbs

The conditional is not just a tense, it is a mood. In addition to defining when the action takes place, it also suggests the atmosphere or mood in which it takes place. As the name implies, the conditional is used when there is a condition attached to the action. In English, we express this condition by putting would in front of the verb. In Italian, the conditional is formed by dropping the -*e* from the infinitive form and replacing it with the conditional endings for each subject pronoun.

The conditional endings are the same for all three conjugations, however the -*a* of -*are* infinitive endings changes to -*e* before adding the conditional endings.

SUBJECT PRONOUNS	CONDITIONAL ENDINGS
io	-ei
tu	-esti
lui/lei	-ebbe
Lei	-ebbe
noi	-emmo
voi	-este
loro	-ebbero
Loro	-ebbero

The conditional is conjugated as follows

SUBJECT PRONOUNS	GUIDARE	CREDERE	DORMIRE
io	guiderei	crederei	dormirei
tu	guideresti	crederesti	dormiresti
lui/lei	guiderebbe	crederebbe	dormirebbe
Lei	guiderebbe	crederebbe	dormirebbe
noi	guideremmo	crederemmo	dormiremmo
voi	guidereste	credereste	dormireste
loro	guiderebbero	crederebbero	dormirebbero
Loro	guiderebbero	crederebbero	dormirebbero

As in the future tense, spelling changes occur to preserve the pronunciation.

a. Verbs that end in -*care* or -*gare* add an "h" before the conditional ending.

Noi *giocheremmo*	*We would play*
Loro *pagherebbero*	*They would pay*
Tu *cercheresti*	*You would search*

b. Verbs that end in -*ciare* and -*giare* drop the last "i" before the ending.

Io *comincerei*	*I would begin*
Lui *festeggerebbe*	*He would celebrate*
Voi *mangereste*	*All of you would eat*

EXERCISE A	**Cosa faresti?** Using the following phrases, write what you would do if you were not in school today.

EXAMPLE: Sognare ad occhi aperti   **Sognerei** ad occhi aperti.

1. Guardare la televisione _____

2. Giocare a calcio _____

3. Parlare al telefono _____

4. Leggere un libro _____

5. Mangiare il gelato _____

6. Incontrare gli amici _____

7. Pulire la mia camera _____

8. Finire il mio lavoro _____

9. Cucinare un bel pranzo _____

10. Ridere con gli amici _____

11. Comprare una maglietta nuova _____

12. Scrivere una lettera _____

13. Correre per 30 minuti _____

14. Mandare e-mails _____

15. Nuotare in piscina _____

| EXERCISE B |

Se fosse possibile   If it were possible the following people would do the following things. Translate the sentences into Italian.

EXAMPLE: We would travel to Italy.   **Viaggeremmo in Italia.**

1. They would arrive to class on time.

   _____

2. He would watch a new movie.

   _____

3. I would spend a lot of money on clothes.

   _____

4. The girl would work at a TV station.

   _____

5. We would finish our homework early.

   _____

6. You would read a great book to relax.

   _____

7. All of you would eat at a restaurant.

   _____

8. I would understand the lesson.

   _____

9. Anita and you would live in Boston.

   _____

10. The students would write a letter to the teacher.

   _____

2.   Present Conditional of Irregular Verbs

Verbs that are irregular in the future tense (see Chapter 5) are also irregular in the present conditional tense. The endings are the same as the regular verbs, only the stem is irregular.

INFINITIVE	CONDITIONAL
essere	sarei
bere	berrei
rimanere	rimarrei
venire	verrei
volere	vorrei
fare	farei
dare	darei
stare	starei
andare	andrei
avere	avrei
cadere	cadrei
dovere	dovrei
potere	potrei
vedere	vedrei
vivere	vivrei
sapere	saprei

EXERCISE C   **Pensa un po' e dì la verità.**   Think about each possibility and answer whether you would or would not!

EXAMPLE: Studieresti prima di un esame?   **Si, studierei prima di un esame.**

1. Andresti a nuotare in acqua gelata? _____

2. Faresti un favore ad un tuo amico? _____

3. Rimarresti a dormire in una casa stregata? _____

4. Vivresti vicino all'aeroporto? _____

5. Verresti a scuola anche d'estate? _____

6. Avresti paura di viaggiare da solo(a)? _____

7. Saresti felice di rivedere un vecchio amico? _____

8. Daresti denaro ad uno sconosciuto bisognoso? _____

9. Sapresti cantare una canzone italiana? _____

10. Vorresti andare in Italia con la tua classe? _____

3.   Use of *VOLERE*, *DOVERE* and *POTERE* in the Conditional

Besides replacing the expression "would," the conditional is used to

a. express a polite request, with *VOLERE* and *POTERE*.

Potrei venire con voi?	*Could I come with you?*
Vorremmo delle informazioni.	*We would like some information.*

b. express obligation (*should*) with the verb *DOVERE*.

Stasera dovrei studiare.	*Tonight I should study.*
Non dovremmo arrivare in ritardo.	*We shouldn't arrive late.*

EXERCISE D   **Sei sempre educato** You want to be polite at all times. Using the conditional, what would you say in these situations?

EXAMPLE: You ask a policeman directions   **Potrebbe dirmi come arrivare in piazza?**
to the square.

1. You are thirsty and you need a glass
of water.   _____

2. You would like an umbrella because
it's raining.   _____

3. You ask a friend to phone you tonight.   _____

4. You want to see the jacket in the store
window.   _____

5. You are looking for a map of the city.   _____

6. You ask a group of people to help you.   _____

7. At a restaurant you want a salad
without vinegar.   _____

8. You ask your mother for a ride.   _____

9. You ask your friend to accompany you
to the class.   _____

10. You ask your teacher to help you.   _____

PER ESPRIMERSI MEGLIO

Al negozio

la vetrina *store window*

il camerino
 dressing rooom

la cassa *cash register*

la taglia, la misura *size*

lo scontrino *receipt*

il commesso
 sales clerk

provare *to try on*

avrebbe per caso . . . ?
 would you by chance have . . . ?

pagare con:

la carta di credito
 credit card

in contanti *cash*

il bancomat *atm card*

EXERCISE E   **Facciamo le compere.** Practice what you would say in a store if you wanted to see an item and try it on.

EXAMPLE: i pantaloni

CLIENTE: **Vorrei vedere i pantaloni che sono in vetrina.**

COMMESSO: **Eccoli, che taglia?**

CLIENTE: **38, Potrei provarli?**

COMMESSO: **Certo.**

CLIENTE: **Mi potrebbe dire dov'è il camerino?**

COMMESSO: **In fondo a destra.**

1. la maglia

CLIENTE: _____

COMMESSO: _____

CLIENTE: _____

COMMESSO: _____

CLIENTE: _____

COMMESSO: _____

2. la giacca

CLIENTE: _____

COMMESSO: _____

CLIENTE: _____

COMMESSO: _____

CLIENTE: _____

COMMESSO: _____

3. il vestito

CLIENTE: _____

COMMESSO: _____

CLIENTE: _____

COMMESSO: _____

CLIENTE: _____

COMMESSO: _____

EXERCISE F   **Scusi, Signore . . .**   You are in Rome, looking for certain places. You ask someone for information.

EXAMPLE: Via Cavour   **Mi potrebbe dire dov'è via Cavour?**

1. la stazione del treno   _____

2. la fermata dell'autobus   _____

3. Piazza Navona   _____

4. un buon ristorante   _____

5. una farmacia   _____

6. la biglietteria   _____

7. il teatro Sistina   _____

8. l'albergo Palatino   _____

9. la Fontana di Trevi   _____

10. l'ospedale Policlinico   _____

EXERCISE G   **Gli impegni del weekend**   Using *DOVERE* in the conditional, tell what this group of friends should do this weekend.

1. Io _____ telefonare a mia nonna.

2. Mio fratello _____ lavorare sabato pomeriggio.

3. Tu e Anna _____ pulire le vostre camere.

4. Mamma e papà _____ visitare degli amici.

5. Tu _____ anche scrivere delle lettere.

6. Io mia sorella e _____ fare dei biscotti.

7. Zia Rita _____ fare delle telefonate.

8. La nonna _____ venire da noi sabato sera.

9. Voi _____ studiare prima degli esami.

10. I vostri amici _____ essere responsabili.

| EXERCISE H | **Che fortuna!**   Imagine winning the lottery. What are ten things that you would you do with the money? |

_____

_____

_____

_____

_____

_____

_____

_____

_____

_____

| EXERCISE I | **Ah, la città!**   Donatella tells us why she would prefer living in the city. Complete the paragraph using the conditional tense of each verb. |

A dire la verità io _____ vivere in città perchè _____ vicino a tanti negozi,
       1. (preferire)   *2. (essere)*

teatri e cinema. La mattina _____ la metropolitana e in dieci minuti _____
             3. (prendere)   *4. (arrivare)*

all'università. Verso le undici _____ alcuni amici al bar e quando noi non _____
              5. (incontrare)   *6. (avere)*

lezione _____ studiare insieme alla biblioteca publica. La sera io _____ a casa
     7. (potere)   *8. (ritornare)*

in tempo per cenare dopodichè _____ un pò la televisione e _____ per l'in-
               9. (guardare)   *10. (prepararsi)*

domani.

| EXERCISE J | **Quante domande!** Think about your preferences and answer the following questions. |

1. Cosa vorresti mangiare stasera?   _____

2. Se possibile dove andresti in vacanza   _____
    quest'estate?

3. Con chi vorresti essere naufragato in   _____
    un'isola deserta?

4. Dove vorresti vivere dopo l'università?   _____

5. Che cosa cambieresti nella tua vita?   _____

6. Quale personaggio storico intervisteresti?   _____

7. Cosa faresti per aiutare i poveri?   _____

8. Cosa vorresti sapere dal tuo professore?   _____

4.   Past Conditional (*Condizionale Passato*)

The past conditional is the equivalent of the English *would have + past participle*. It expresses an intended action in the past, which was not carried out. It's a compound tense formed by the conditional form of the helping verb plus the past participle.

MANGIARE	
io avrei mangiato	*I would have eaten*
tu avresti mangiato	*you would have eaten* (familiar)
lui/lei avrebbe mangiato	*he/she would have eaten*
Lei avrebbe mangiato	*you would have eaten* (formal)
noi avremmo mangiato	*we would have eaten*
voi avreste mangiato	*you would have eaten* (familiar)
loro avrebbero mangiato	*they would have eaten*
Loro avrebbero mangiato	*you would have eaten* (formal)

PARTIRE	
io sarei partito(a)	*I would have left*
tu saresti partito(a)	*you would have left* (familiar)
lui/lei sarebbe partito(a)	*he/she would have left*
Lei sarebbe partito(a)	*you would have left* (formal)
noi saremmo partiti(e)	*we would have left*
voi sareste partiti(e)	*you would have left* (familiar)
loro sarebbero partiti(e)	*they would have left*
Loro sarebbero/partiti(e)	*you would have left* (formal)

> **REMEMBER:**
> 1. When using *ESSERE* as a helping verb, the past participle always agrees in gender and number with the subject.
> 2. When using *AVERE* as a helping verb, the past participle agrees only with a preceding direct object pronoun.

| EXERCISE K | **A saperlo!**   It's always easier to look back. At the end of the year Marilena and her friends discuss what they would have done differently. |

EXAMPLE: I would have walked to school!   **Avrei camminato a scuola!**

1. We would have studied more!

   _____

2. Angelo would have gone to Italy!

   _____

3. You would have come to more concerts!

   _____

4. Pina e Gianni would have visited their grandparents more often.

   _____

5. I would have bought a smaller car.

   _____

6. My brothers would have played soccer.

   _____

7. All of you would have eaten more fresh fruit.

   _____

8. The children would have watched less TV.

   _____

9. Marilena would have returned home immediately after school.

   _____

10. Aldo and I would have read more books.

   _____

11. Tonino would have drunk more milk.

_____

12. Gabriella and you would have helped more at home.

_____

EXERCISE L   **Cosa sarebbe successo?** Using the past conditional, tell what would have happened if these famous people had taken a different path in life.

EXAMPLE: (*viaggiare*)   Cristoforo Colombo non **avrebbe viaggiato** verso l'America.

1. (*morire*)   Giulietta e Romeo non _____ per amore.

2. (*scolpire*)   Michelangelo non _____ il Davide.

3. (*scendere*)   Dante e Virgilio non _____ nell'Inferno della Divina Commedia.

4. (*camminare*)   Neil Armstrong non _____ sulla luna.

5. (*fare*)   Paul Revere non _____ la sua cavalcata.

6. (*creare*)   Walt Disney non _____ Mickey Mouse.

7. (*andare*)   Lewis & Clark non _____ attraverso il Nord America.

8. (*volare*)   Amelia Earhart non _____ sull'oceano.

9. (*essere*)   George Washington non _____ presidente degli Stati Uniti.

10. (*arrivare*)   La Mayflower non _____ a Plymouth con i pellegrini.

EXERCISE M   **I buoni consigli.**   Your friend Carlotta has received a terrible report card. She asks you for advise because she doesn't know what she should have done. Using the verb DOVERE in the past conditional, write at least five things she should have done to receive better grades.

EXAMPLE: **Avresti dovuto fare** i compiti ogni giorno.

_____

_____

_____

| **EXERCISE N** | **Presente o passato?**   Complete each sentence with the present or past conditional, as appropriate. |

EXAMPLES: **Io canterei**, ma non so le parole della canzone.

Margherita **avrebbe pagato**, ma non aveva soldi.

1. (*portare*)   Io _____ il pranzo a scuola, ma non ho tempo per preparrarlo.

2. (*svegliarsi*)   Simone _____ presto, ma è stanco.

3. (*andare*)   La mia amica _____ al cinema venerdì sera, ma non aveva soldi.

4. (*uscire*)   Ieri sera tu _____ , ma hai avuto ospiti.

5. (*guidare*)   Gli zii _____ la macchina, ma non funzionava.

6. (*fare*)   La classe _____ una gita, ma non ha il permesso.

7. (*giocare*)   I ragazzi _____ a calcio, ma non avevano il pallone.

8. (*accompagnare*) Susanna mi _____ al centro commerciale, ma ha dovuto lavorare.

CHAPTER 12
The Imperative (*L'Imperativo*)

1. Forming the Imperative of Regular Verbs

The *imperative* is a tense as well as a mood; it means that in addition to defining when the action takes place it also suggests the atmosphere or "mood" in which it takes place. As the name implies, the *imperative* is used to give commands, to advise or to plead with someone. Note that the *noi* and *voi* endings are the same as the present indicative. Note also that in this chapter only the informal version is introduced.

SUBJECT PRONOUNS	AFFIRMATIVE COMMANDS			
	-ARE	-ERE	-IRE	
	ASCOLTARE	CORRERE	SENTIRE	FINIRE (-ISC)
tu	ascolta!	corri!	senti!	finisci!
noi	ascoltiamo!	corriamo!	sentiamo!	finiamo!
voi	ascoltate!	correte!	sentite!	finite!

a. Subject pronouns are not usually expressed in the imperative.

EXAMPLES:

Carlo, *ascolta* la professoressa!   *Carlo, listen to the teacher!*

Mario *senti*, . . .   *Mario, listen! (literally it means "hear," but it is commonly used to begin an informal conversation)*

Caterina, *corri* a casa!   *Catherine, run home!*

Giacomo, *finisci* il tuo lavoro!   *Giacomo, finish your work!*

b. The *noi* form corresponds to the English *Let's . . . !*

EXAMPLES:

Dai ragazzi, *corriamo*!   *Come on kids, let's run!*

Domani *partiamo* alle cinque!   *Tomorrow let's leave at five! Tomorrow we are leaving at five!*

c. When using the imperative with a reflexive verb, the pronoun is attached to the verb.

EXAMPLES:

Stefano, *svegliati* presto domani!   *Stefano, wake up early tomorrow!*

Marco e Sandro, *mettetevi* i cappotti!   *Marco and Sandro, put on your coats!*

d. Direct and indirect object pronouns are also attached to the imperative.

EXAMPLES:

***Scrivimi* appena puoi!**   *Susanna, write to me as soon as you can!*

Vuoi la pizza? *Mangiala*!   *Do you want pizza? Eat it!*

EXERCISE A	Pratichiamo! Write the following commands in Italian.

EXAMPLE: Matteo, wait!   **Matteo, aspetta!**

1. Sandra, run!   _____

2. Michele, let's talk!   _____

3. Stefano, drive!   _____

4. Davide and Rocco, work!   _____

5. Marisa, finish the sandwich!   _____

6. Carlo, read the book!   _____

7. Mom, listen!   _____

8. Sabrina, sit down!   _____

9. Visit your grandmother!   _____

10. Let's study!   _____

11. Marco, let's go to school!   _____

12. Dario, eat!   _____

13. Children, let's talk!   _____

14. Sonia e Saverio, go out!   _____

15. Marco, buy ice cream!   _____

PER ESPRIMERSI MEGLIO

Verbi riflessivi comunemente usati con l'imperativo

accorgersi	*to notice, to realize*
coprirsi	*to cover oneself*
girarsi	*to turn around*
godersi	*to enjoy*
lamentarsi	*to complain*
preoccuparsi	*to worry*
ricordarsi	*to remember*
sbrigarsi	*to hurry up*
spogliarsi	*to get undressed*
trovarsi	*to find oneself, to be located*

EXERCISE B   **Le forme riflessive.**   Write the imperative form of the reflexive verb given and complete the sentence with a logical expression.

EXAMPLE: Marina/svegliarsi!   **Marina, svegliati, è tardi!**

1. noi/rilassarsi   _____

2. tu/divertirsi   _____

3. voi/godersi   _____

4. bambini/lavarsi   _____

5. tu/fermarsi   _____

6. voi/alzarsi   _____

7. Sandra/prepararsi   _____

8. noi/incontrarsi   _____

9. Carla/sbrigarsi   _____

10. tu/sedersi   _____

11. tu/coprirsi   _____

12. Nicola/girarsi   _____

13. Gino e Dora/ricordarsi   _____

14. Noi/mettersi   _____

15. Voi/vestirsi   _____

EXERCISE C   **Deciditi!**   Answer the following questions using the imperative form and pronoun.

EXAMPLE: Ti chiamo stasera o domani?   **Chiamami stasera!**

1. Ti compro la torta o il gelato?   _____

2. Le scrivo una lettera o un'e-mail?   _____

3. Gli cucino la bistecca o il pollo?   _____

4. Ci incontriamo al cinema o al ristorante?   _____

5. Porti la frutta tu o io?   _____

6. Ti regalo un libro italiano o inglese?   _____

7. Guardiamo il film a casa mia o a casa tua?   _____

8. Compri i biglietti tu o io? _____

9. Inviti gli amici tu o io? _____

10. Aspettiamo Lorenzo a casa o a scuola? _____

2. Commands in the Negative Form

	NEGATIVE COMMANDS		
SUBJECT PRONOUNS	-ARE	-ERE	-IRE
	CANTARE	CADERE	DORMIRE
tu	non parlare!	non cadere!	non dormire!
noi	non parliamo!	non cadiamo!	non dormiamo!
voi	non parlate!	non cadete!	non dormite!

EXAMPLES:

Giusi, non gridare!	*Giusi, don't yell!*
Rosa, non perdere i soldi!	*Rosa, don't lose the money!*
Ragazzi, non scrivete sul banco!	*Kids, don't write on the desk!*
Lorenzo, non partiamo ancora!	*Lorenzo, let's not leave yet!*
Nicola, non alzarti!	*Nicola, don't get up!*
Compro io i biglietti?	*Should I buy the tickets?*
No, non comprarli!	*No, don't buy them!*

EXERCISE D   In classe.   You are in charge of your class when the teacher steps out. Tell your classmates not to do the activities listed.

EXAMPLE: Laura/correre in classe   **Laura, non correre in classe!**

1. Andrea/disturbare il tuo vicino _____

2. Carla e Simona/aprire l'armadio _____

3. Ragazzi/lanciare pezzetti di carta _____

4. Tina/scrivere sulla lavagna _____

5. noi/saltare sulle sedie _____

6. Teresa/toccare le mie cose _____

7. Fabio/stringere la mia mano _____

8. Giacomo e Lorenzo/dormire _____

9. Adriana/uscire dall'aula _____

10. Stella/fermarsi davanti alla finestra _____

11. Teresa e Stefania/gridare   _____

12. noi/alzarsi   _____

13. Gianfranco/parlare con Riccardo   _____

14. Ragazzi/spegnere la luce   _____

15. Carlo/muovere la bandiera   _____

| **EXERCISE E** | **Un litigio**   Suggest to a friend what to do and what not to do to resolve an argument. |

EXAMPLE: preparare i tuoi argomenti/nascondere i tuoi veri sentimenti
   Prepara i tuoi argomenti, non nascondere i tuoi veri sentimenti.

1. parlare dolcemente/gridare

_____

2. restare calmo/perdere la pazienza

_____

3. difendere le tue idee/preoccuparsi di sbagliare

_____

4. ascoltare attentamente/interrompere gli altri

_____

5. riflettere prima di parlare/rispondere troppo velocemente

_____

6. cercare una via di mezzo/insistere su tutto

_____

| **EXERCISE F** | **Questo, non quello**   Translate these sentences into Italian. |

1. Let's talk, not argue.

_____

2. Marco, walk, don't run.

_____

3. Kids, look, don't touch.

_____

4. Silvia, listen, don't yell.

   _____

5. Maria, wake up, don't sleep.

   _____

6. Girls, study, don't watch television.

   _____

7. Gina, leave, don't stay here.

   _____

8. Sandro, read, don't play.

   _____

9. Let's go in, not wait outside.

   _____

10. Ida e Sarina, have fun, don't worry!

    _____

3. Irregular Verbs in the Imperative

The verbs listed below have irregular forms and must be memorized.

VERBS	TU	NOI	VOI
essere	sii	siamo	siate
avere	abbi	abbiamo	abbiate
dire	di'	diciamo	dite
andare	va' (vai)	andiamo	andate
fare	fa' (fai)	facciamo	fate
dare	da' (dai)	diamo	date
stare	sta' (stai)	stiamo	state

NOTES: 1. _Va'_, _fa'_, _da'_, and _sta'_ are the most commonly used forms.

        EXAMPLES: **Marisa, va' via!**

                  Luisa, stai qui!

2. When pronouns are attached to the abbreviated forms, the consonant of the pronoun is doubled.

        EXAMPLES: **Carmela, dimmi la verità!**

                  Vanessa, dammi la borsa!

| EXERCISE G | **Ai tuoi ordini!**   Be creative! For each of these verbs, write four original requests. |

essere

EXAMPLE: Sii pronto alle 8!

_____

_____

_____

_____

dare

EXAMPLE: Dammi il libro!

_____

_____

_____

_____

dire

EXAMPLE: Dimmi tutto!

_____

_____

_____

_____

Nota culturale: VATTENE!

An expression often used in
colloquial Italian to say **go away! get lost!**

| EXERCISE H | **Cosa vuol dire?**   While on an exchange in Italy, you hear these expressions from your homestay mother. Can you tell what they mean? Write the English translation. |

EXAMPLE: **Dimmi** la verità!   *Tell me the truth!*

1. Sta' fermo   _____

2. Sta' zitto   _____

3. Sta' qua _____

4. Sta' a casa _____

5. Sta' a letto _____

6. Sta' attento _____

7. Abbi pazienza _____

8. Abbi fiducia _____

9. Va' via _____

10. Fa' il bravo _____

| EXERCISE 1 | **Buoni consigli.**   Life is full of *do*s and *don't*s. For each circumstance think of advice that you would give a friend. |

EXAMPLES: **Ascolta i tuoi insegnanti!**
            Non essere maleducato!

1. A scuola:

_____

_____

_____

_____

2. Per fare il/la babysitter:

_____

_____

_____

_____

3. Fuori con gli amici:

_____

_____

_____

_____

4. In famiglia:

_____

_____

_____

_____

PER ESPRIMERSI MEGLIO

Expressions that begin informal conversations:

a proposito *by the way*

senti *hey, listen*

dai! *come on!*

dimmi *tell me*

per caso *by chance*

ti va di *do you feel like . . .*

Expressions that end informal conversations:

perfetto *perfect*

volentieri *gladly*

d'accordo *O.K., agreed*

a presto *I'll see you soon*

non ne ho voglia *I don't feel like it*

sono impegnato *I am busy*

EXERCISE J **Dialogo** Read the following dialogue, and answer the questions that follow in complete sentences.

SIMONE: Senti Marina, ti va di studiare insieme per la prova di storia?

MARINA: Volentieri, sarebbe più piacevole che studiare da sola.

SIMONE: Dimmi, tu hai già letto i due capitoli?

MARINA: Ne ho letto uno, ma devo ancora leggere l'altro.

SIMONE: Perfetto, anch'io ho letto solo il primo.

MARINA: Non avresti per caso gli appunti di ieri sul secondo capitolo?

SIMONE: Ho quelli del secondo, ma non ho quelli del primo?

MARINA: Eccellente, io ho gli appunti del primo, quindi fra tutti e due siamo a posto.

SIMONE: A proposito, quando e dove ci incontriamo?

MARINA: Vieni da me verso le sette, d'accordo?

SIMONE: A presto allora.

1. Perchè si incontrano i due amici? _____

2. Su quale materia avranno l'esame? _____

3. Come si aiutano tra di loro? _____

4. Dove andranno alle sette? _____

5. Perchè Marina ha voglia di lavorare con Simone? _____

| EXERCISE K | Working with a classmate, create a dialogue making plans for the evening. Be sure to use as many of the given informal expressions as possible. Use the dialogue above as a guide. Share your dialogue with the class. |

_____

_____

_____

_____

_____

_____

_____

_____

_____

Appendix

1. Verbs

a. Present and Present Perfect (*passato prossimo*) Tenses of Regular Verbs

INFINITIVE	cantare	vendere	dormire
PRESENT	canto	vendo	dormo
	canti	vendi	dormi
	canta	vende	dorme
	cantiamo	vendiamo	dormiamo
	cantate	vendete	dormite
	cantano	vendono	dormono
PRESENT PERFECT	ho cantato	ho venduto	ho dormito
	hai cantato	hai venduto	hai dormito
	ha cantato	ha venduto	ha dormito
	abbiamo cantato	abbiamo venduto	abbiamo dormito
	avete cantato	avete venduto	avete dormito
	hanno cantato	hanno venduto	hanno dormito

b. Present Tense of Irregular Verbs

INFINITIVE	essere	avere	andare
PRESENT	sono	ho	vado
	sei	hai	vai
	è	ha	va
	siamo	abbiamo	andiamo
	siete	avete	andate
	sono	hanno	vanno

INFINITIVE	fare	bere	dire
PRESENT	faccio	bevo	dico
	fai	bevi	dici
	fa	beve	dice
	facciamo	beviamo	diciamo
	fate	bevete	dite
	fanno	bevono	dicono

INFINITIVE	stare	dare	sapere
PRESENT	sto	do	so
	stai	dai	sai
	sta	da	sa
	stiamo	diamo	sappiamo
	state	date	sapete
	stanno	danno	sanno

INFINITIVE	dovere	potere	volere
PRESENT	devo	posso	voglio
	devi	puoi	vuoi
	deve	può	vuole
	dobbiamo	possiamo	vogliamo
	dovete	potete	volete
	devono	possono	vogliono

INFINITIVE	venire	uscire
PRESENT	vengo	esco
	vieni	esci
	viene	esce
	veniamo	usciamo
	venite	uscite
	vengono	escono

c. Present Perfect (*passato prossimo*)

TRANSITIVE VERB	INTRANSITIVE VERB
studiare	partire
ho studiato	sono partito, -a
hai studiato	sei partito, -a
ha studiato	è partito, -a
abbiamo studiato	siamo partiti, -e
avete studiato	siete partiti, -e
hanno studiato	sono partiti, -e

NOTE: When using *essere* the past participle agrees in gender and
number with the subject.

d. Irregular Past Participles

aprire **aperto**	morire* **morto**
bere **bevuto**	nascere* **nato**
chiedere **chiesto**	prendere **preso**
chiudere **chiuso**	offrire **offerto**
conoscere **conosciuto**	rimanere* **rimasto**
coprire **coperto**	rispondere **risposto**
correggere **corretto**	rompere **rotto**
correre **corso**	scendere* **sceso**
decidere **deciso**	scrivere **scritto**
dire **detto**	soffrire **sofferto**
essere* **stato**	spendere **speso**
fare **fatto**	succedere* **successo**
leggere **letto**	venire* **venuto**
mettere **messo**	vincere **vinto**

*Indicates intransitive verbs conjugated with the auxiliary verb *essere*.

NOTE: *Vedere* and *perdere* have two participles: a regular and an irregular form.

  vedere **veduto visto** perdere **perduto perso**

e. Imperfect Tense of Regular Verbs

parlare	vedere	dormire
parlavo	vendevo	dormivo
parlavi	vendevi	dormivi
parlava	vendeva	dormiva
parlavamo	vendevamo	dormivamo
parlavate	vendevate	dormivate
parlavano	vendevano	dormivano

f. Imperfect Tense of Irregular Verbs

essere	fare	bere	dire
ero	facevo	bevevo	dicevo
eri	facevi	bevevi	dicevi
era	faceva	beveva	diceva
eravamo	facevamo	bevevamo	dicevamo
eravate	facevate	bevevate	dicevate
erano	facevano	bevevano	dicevano

g. Pluperfect (*trapassato prossimo*)

TRANSITIVE VERB	INTRANSITIVE VERB
studiare	partire
avevo studiato	ero partito, -a
avevi studiato	eri partito, -a
aveva studiato	era partito, -a
avevamo studiato	eravamo partiti, -e
avevate studiato	eravate partiti, -e
avevano studiato	erano partiti, -e

h. Future Tense of Regular Verbs

parlare	correre	dormire
parlerò	correrò	dormirò
parlerai	correrai	dormirai
parlerà	correrà	dormirà
parleremo	correremo	dormiremo
parlerete	correrete	dormirete
parleranno	correranno	dormiranno

i. Future Tense of Irregular Verbs

andare	andrò, andrai, andrà, andremo, andrete, andranno
avere	avrò, avrai, avrà, avremo, avrrete, avrranno
bere	berrò, berrai, berrà, berremo, berrete, berranno
cadere	cadrò, cadrai, cadrà, cadremo, cadrete, cadranno
dare	darò, darai, darà, daremo, darete, daranno
dovere	dovrò, dovrai, dovrà, dovremo, dovrete, dovranno
essere	sarò, sarai, sarà, saremo, sarete, saranno
fare	faro, farai, farà, faremo, farete, faranno
potere	potrò, potrai, potrà, potremo, potrete, potranno
rimanere	rimarrò, rimarrai, rimarrà, rimarremo, rimarrete, rimarranno
sapere	saprò, saprai, saprà, sapremo, saprete, sapranno
stare	starò, starai, starà, staremo, starete, staranno
vedere	vedrò, vedrai, vedrà, vedremo, vedrete, vedranno
venire	verrò, verrai, verrà, verremo, verrete, verranno
vivere	vivrò, vivrai, vivrà, vivremo, vivrete, vivranno
volere	vorrò, vorrai, vorrà, vorremo, vorrete, vorranno

j. Future Perfect (*futuro anteriore*)

TRANSITIVE VERB	INTRANSITIVE VERB
studiare	partire
avrò studiato	sarò partito, -a
avrai studiato	sarai partito, -a
avrà studiato	sarà partito, -a
avremo studiato	saremo partiti, -e
avrete studiato	sarete partiti, -e
avranno studiato	saranno partiti, -e

k. Present Conditional of Regular Verbs

parlare	correre	partire
parlerei	correrei	partirei
parleresti	correresti	partiresti
parlerebbe	correrebbe	partirebbe
parleremmo	correremmo	partiremmo
parlereste	correreste	partireste
parlerebbero	correrebbero	partirebbero

l. Present Conditional of Irregular Verbs

andare	andrei, andresti, andrebbe, andremmo, andreste, andrebbero
avere	avrei, avresti, avrebbe, avremmo, avrreste, avrrebbero
bere	berrei, berresti, berrebbe, berremmo, berreste, berrebbero
cadere	cadrei, cadresti, cadrebbe, cadremmo, cadretse, cadrebbero
dare	darei, daresti, darebbe, daremmo, dareste, darebbero
dovere	dovrei, dovresti, dovrebbe, dovremmo, dovreste, dovebbero
essere	sarei, saresti, sarebbe, saremmo, sareste, sarebbero
fare	farei, faresti, farebbe, faremmo, fareste, farebbero
potere	potrei, potresti, potrebbe, potremmo, potreste, potrebbero
rimanere	rimarrei, rimarresti, rimarrebbe, rimarremmo, rimarreste, rimarrebbero
sapere	saprei, sapresti, saprebbe, sapremmo, sapreste, saprebbero
stare	starei, staresti, starebbe, staremmo, stareste, starebbero
vedere	vedrei, vedresti, vedrebbe, vedremmo, vedreste, vedrebbero
venire	verrei, verresti, verrebbe, verremmo, verreste, verrebbero
vivere	vivrei, vivresti, vivrebbe, vivremmo, vivreste, vivrebbero
volere	vorrei, vorresti, vorrebbe, vorremmo, vorreste, vorrebbero

m. Past Conditional (*condizinale passato*)

TRANSITIVE VERB	INTRANSITIVE VERB
studiare	partire
avrei studiato	sarei partito, -a
avresti studiato	saresti partito, -a
avrebbe studiato	sarebbe partito, -a
avremmo studiato	saremmo partiti, -e
avreste studiato	sareste partiti, -e
avrebbeo studiato	sarebbero partiti, -e

2. Punctuation

Italian punctuation is very similar to English. There are few differences.

a. Commas are not used before *e, o,* and *nè* in a series.

Studio l'italiano, l'inglese e la matematica.	*I study Italian, English, and math.*
Non mangia nè carne nè pesce.	*She does not eat either meat or fish.*

b. In numbers, Italian uses a period where English uses a comma and a comma (decimal point) where English uses a period.

2.300	**duemilatrecento**	*2,300*	*two thousand three hundred*
12,50	**dodici e cinquanta**	*12.50*	*twelve point fifty*

c. Capitalization is seldom used in Italian. Only the beginning of a sentence and proper nouns are capitalized. Languages, religions, nationalities, days of the week, and months of the year are not capitalized.

L'Italia è una nazione europea.	*Italy is a European nation.*
Thanksgiving è l'ultimo giovedì di novembre.	*Thanksgiving is the last Thursday of November.*

3. Syllabication

In general, in Italian a syllable begins with a consonant and ends with a vowel.

a. A single consonant between two vowels belongs to the following vowel.

    i-ta-lia-no   a-go-sto   a-mi-co   le-zio-ne

b. Double consonants are always divided.

    bas-so   sil-la-ba   mam-ma   ric-co

c. A combination of two different consonants goes with the following vowel unless the first consonant is *l, m, n* or *r*. In this case the two consonants are divided.

si-gno-re   **so-pra**   **pre-sto**   **li-bro**

but

col-to   **par-to**   **ban-co**

d. In three consonant combinations, the first belongs to the preceding syllable, but *s* always belongs to the following syllable.

sem-pre   **al-tro**   **in-gle-se**   **con-tro**

but

pal-estra   **fi-ne-stra**

e. Unstressed *i* and *u* stay together with the vowel with which they are combined.

uo-vo   **Gian-na**   **pia-no**   **pie-de**

but

mi-o   **pie-na**   **zi-a**   **pa-u-ra**

4.   Pronunciation

Italian is a phonetic language, most consonants and vowels have only one sound.

a. Italian words are usually stressed on the next to the last syllable.

si-gn**o**-ra   bam-b**i**-no   ra-g**a**z-zo   sen-t**i**-re

b. Exceptions to the above are stressed on the third from the last syllable.

be-**nis**-si-mo   **a**-bi-to   **a**-mi-co   pe-**ni**-so-la

c. Words stressed on the last syllable have a written accent on the last vowel.

caf-**fè**   cit-**tà**   at-ti-vi-**tà**   co-**sì**

d. Double consonants are common in Italian. The sound of a double consonant is longer than a single consonant. To pronounce it properly, you must shorten the preceding vowel and hold the double consonant longer than a single consonant.

casa   papa   giovani   sono

cassa   pappa   Giovanni   sonno

Italian-English Vocabulary

This Italian-English Vocabulary is intended to be complete for the context of this book.

Nouns are listed mainly in the singular. A few are listed in the plural because of their most common use. Regular feminine forms of nouns are indicated by **(-a)**. Regular feminine forms of adjectives are indicated by **-a**.

ABBREVIATIONS

adj.	adjective	*inf.*	infinitive
f.	feminine	*pl.*	plural
m.	masculine	*sing.*	singular

a causa di because
a proposito by the way
abbastanza enough
abbigliamento *m.* clothing
abbracciarsi *inf.* to hug
abitare *inf.* to live
accanto a next to
accompagnare *inf.* to accompany
accorgersi *inf.* to realize
acqua *f.* water
addormentarsi *inf.* to fall asleep
adesso now
aereo *m.* airplane
affettato *m.* sliced, cold cut
affollato, -a crowded
affrettarsi *inf.* to hurry
afoso, -a muggy
africano, -a African
agenda *f.* diary, notebook
agosto *m.* August
agriturismo *m.* farm house
agrume *m.* citrus fruit
aiutare *inf.* to help
alcuni *pl.* some
allora then
alto, -a tall
altoparlante *m.* loudspeaker
altro, -a other
alunno(-a) student
alzare *inf.* to raise

alzarsi *inf.* to get up
amare *inf.* to love
americano, -a American
amichevolezza *f.* friendliness
amicizia *f.* friendship
amico(-a) friend
amore *m.* love
anatra *f.* duck
anche also
ancora not yet, still
andare *inf.* to go
angolo angle, corner
anno *m.* year
annoiarsi *inf.* to get bored
anticipo *adv.* early
antico, -a ancient
antipatico, -a unpleasant, disagreeable
aperitivo *m.* apetizer
appena as soon as
appoggiarsi *inf.* to lean against
appunti *m. pl.* notes
aprile *m.* April
aprire *inf.* to open
arancia *f.* orange
aranciata *f.* orange drink
arco *m.* arch
aria *f.* air
armadietto *m.* locker
armadio *m.* closet
arpa *f.* harp

arrabbiarsi *inf.* to get mad, angry
arrabbiato, -a angry
arrivare *inf.* to arrive
arrivederci I'll see you later
arrostito, -a roasted
arte *f.* art
artistico, -a artistic
ascensore *m.* elevator
asciugacapelli hair dryer
asciugare *inf.* to dry
ascoltare *inf.* to listen
aspettare *inf.* to wait for
assai a lot, much
attenzione *f.* attention
attraverso across
aula *f.* classroom
aula magna *f.* auditorium
avere *inf.* to have
avviarsi *inf.* to move towards
avvocato *m., f.* lawyer

baciarsi *inf.* to kiss
bacio *m.* kiss
baffi *pl.* moustache
bagnato, -a wet
ballare *inf.* to dance
bambino(-a) child, baby
bambola *f.* doll
banco *m.* student's desk
bandiera *f.* flag

barba *f.* beard
barca *f.* boat
basilico *m.* basil
basso, -a short (in height)
bastare *inf.* to be enough
bello, -a beautiful
bene well
bevanda *f.* drink
bibita drink
biblioteca *f.* library
bicchiere *m.* glass
bicicletta *f.* bicycle
biglie *f. pl.* marbles
biglietto *m.* ticket
binario *m.* train track
biscotto *m.* cookie
bistecca *f.* steak
bocca *f.* mouth
borsa *f.* purse
bosco *m.* forest
braccio *m.* arm
bravo, -a good
brioche *m.* croissant
brutto, -a ugly
buco *m.* hole
budino *m.* pudding
bugia *f.* lie
buio *m.* dark
buono, -a good
burro *m.* butter

cadere *inf.* to fall
caffè *m.* coffee, coffeeshop
cagnolino *m.* puppy
calcio *m.* soccer
calcolatrice *f.* calculator
caldo *m.* heat
caldo, -a hot
calendario *m.* calendar
calza *f.* sock
calzoleria *f.* shoe store
camera *f.* room
camicia *f.* shirt
camminare *inf.* to walk
campana *f.* bell
campanella *f.* school bell
campionato *m.* championship
canadese Canadian
cancellare *inf.* to erase

cancellino *m.* eraser
cane *m.* dog
cantare *inf.* to sing
canzone *f.* song
capello *m.* hair
capire *inf.* to understand
capitale *f.* capital
cappello *m.* hat
cappotto *m.* coat
capra *f.* goat
capriccio *m.* tantrum
caramella *f.* candy
caricare *inf.* to load
carico, -a loaded
carino, -a cute
caro, -a expensive, dear
carro *m.* cart
carta geografica *f.* map
carte *f. pl.* playing cards
cartella *f.* schoolbag
cartellone *f.* poster
cartolina *f.* postcard
cartone animato *m.* cartoon
casa *f.* house
cascata *f.* fall
casetta *f.* cottage
cassa *f.* cash register
castello *m.* castle
catacombe *f. pl.* catacombs
cattedra *f.* teacher's desk
cattivo, -a bad
cautela *f.* caution
cavalcata *f.* horseback ride
celebrare *inf.* to celebrate
cellulare *m.* cellular phone
cena *f.* supper
cenare *inf.* to have supper
centro commerciale *m.* mall
centro *m.* downtown
cercare *inf.* to look for
certo, -a certain, true
cestino *m.* wastebasket
che cosa what
chi who
chiacchierare *inf.* to chat, gossip
chiacchiere *f. pl.* chat, gossip

chiamare *inf.* to call
chiamarsi *inf.* to be called
chiaro, -a clear, light
chiave *f.* key
chiedere *inf.* to ask
chiesa *f.* church
chirurgo *m.* surgeon
chitarra *f.* guitar
chiudere *inf.* to close
cibo *m.* food
ciglio *m.* eyelash
cima *f.* top
cinese *adj.* Chinese
cingomma *f.* chewing gum
cintura di sicurezza *f.* seat belt
cioccolata *f.* chocolate
città *f.* city
classe *f.* class
cocomero *m.* watermelon
colazione *f.* breakfast, snack
collega *m., f.* colleague
collina *f.* hill
colmo, -a filled
colorato, -a colored
colpo di telefono *m.* a telephone ring
coltello *m.* knife
come as, like, how
cominciare *inf.* to begin
commesso *m.* salesperson
comodino *m.* night stand
compagno(-a) classmate
compere purchase
compito *m.* homework
compleanno *m.* birthday
complicato, -a complicated
comprare *inf.* to buy
comprensivo, -a understanding
concerto *m.* concert
conducente *m.* driver
confusione *f.* confusion
conoscere *inf.* to know (a person)
contento, -a happy
conto *m.* bill, check
coppia *f.* couple
coprire *inf.* to cover

coprirsi *inf.* to cover oneself
coriandolo *m.* paper confetti
coro *m.* chorus
correggere *inf.* to correct
correre *inf.* to run
corridoio *m.* hallway
corto, -a short (in length)
costare *inf.* to cost
costruire *inf.* to build
cotto, -a cooked
cravatta *f.* tie
credere *inf.* to believe
crescere *inf.* to grow
croccantini *m. pl.* crackers
crociera *f.* cruise
cucina *f.* cuisine
cucinare *inf.* to cook
cugino(-a) cousin
curiosità *f.* curiosity

d'accordo agreed
dado *m.* cube
danza *f.* dance
dare *inf.* to give
dare fastidio *inf.* to bother
davanti in front of
decidere *inf.* to decide
delizioso, -a delicious
dente *m.* tooth
dentro in, inside
desiderare *inf.* to wish, to desire
destra *f.* right
di fronte in front
di solito usually
dicembre *m.* December
dietro behind
difficile *adj.* difficult
diga *f.* dam
dimenticare *inf.* to forget
diplomarsi *inf.* to graduate from high school
dire *inf.* to say
direzione *f.* direction, main office
disastro *m.* disaster
discoteca *f.* night club

disegnare *inf.* to design, draw
disturbare *inf.* to disturb, bother
dito *m.* finger
dita *m. pl.* fingers
divano *m.* sofa, couch
diventare *inf.* to become
divertente *adj.* fun
divertirsi *inf.* to enjoy oneself
dizionario *m.* dictionary
doccia *f.* shower
dolce *adj.* sweet
dolce *m.* dessert
dollaro *m.* dollar
domanda *f.* question
domandare *inf.* to ask a question
domani tomorrow
domenica *f.* Sunday
donna *f.* woman
dopo after
dormire *inf.* to sleep
dottore *m.* doctor
dove where
dovere *inf.* to have to, must
dritto, -a straight
dubbio *m.* doubt
durante during
durare *inf.* to last (time)

economico, -a inexpensive
edicola *f.* newsstand
elegante *adj.* elegant
elettrodomestico *m.* appliance
energia *f.* energy
entrare *inf.* to enter, to come in
erba *f.* grass
erbetta *f.* herb
eroe *m.* hero
esercizio *m.* exercise
espressione expression
essere *inf.* to be
estate *f.* summer
estero *m.* abroad
estraneo *m.* stranger

eterno, -a eternal
europeo, -a European

fa ago
facile *adj.* easy
fame *f.* hunger
famiglia *f.* family
fare *inf.* to do
farsi male *inf.* to get hurt
favola *f.* fairytale
favore *m.* favor
febbraio *m.* February
felice *adj.* happy
felpa *f.* sweatshirt
fermarsi *inf.* to stop
fermata *f.* stop
festa *f.* party, holiday
festeggiare *inf.* to celebrate
fettina *f.* slice
fico *m.* fig
fidanzarsi *inf.* to get engaged
figlia *f.* daughter
figlio *m.* son
fila *f.* line
finestra *f.* window
finire *inf.* to finish
finocchio *m.* fennel
fiore *m.* flower
fiume *m.* river
foglio *m.* sheet (of paper)
folla *f.* crowd
forchetta *f.* fork
formaggio *m.* cheese
forse maybe
forte *adj.* strong
fortunato, -a lucky
forza *f.* force
foto *f.* photograph
fra between, within
fragola *f.* strawberry
francese *adj.* French
francobollo *m.* stamp
fratello *m.* brother
freddo, -a cold
frequentare *inf.* to attend
fresco, -a cool, fresh
frutta *f.* fruit

fungo *m.* mushroom
funzionare *inf.* to function, work
fuori outside, out
futuro *m.* future

gamba *f.* leg
gara *f.* race
gelato, -a icy
gelato *m.* ice cream
generosità *f.* generosity
genitore *m.* parent
gennaio *m.* January
gentile *adj.* kind
gesso *m.* chalk
gettare *inf.* to throw away
ghiaccio *m.* ice
già already
giacca *f.* jacket
giapponese *adj.* Japanese
giardino *m.* garden
ginocchio *m.* knee
giocare *inf.* to play (an activity or sport)
giocattolo *m.* toy
giornata *f.* day (all day long)
giorno *m.* day
giovane *adj.* young
giovedì *m.* Thursday
girarsi *inf.* to turn around
giro *m.* ride
gita *f.* field trip
giugno *m.* June
giusto *adj.* just
godere *inf.* to enjoy
godersi *inf.* to enjoy oneself
gola *f.* throat
gonfio, -a swollen
gonna *f.* skirt
gradino *m.* step
grande *adj.* big
grande magazzino *m.* department store
grattacielo *m.* skyscraper
grattugiato, -a grated
grazioso, -a *adj.* cute
greco, -a Greek

gridare *inf.* to yell
grigio, -a gray
guardare *inf.* to look, to watch
guarire *inf.* to heal
guidare *inf.* to drive

ieri yesterday
imparare *inf.* to learn
impaziente *adj.* impatient
impegno *m.* commitment
impiegato(-a) employee
incidente *m.* accident
incontrare *inf.* to meet
indiano, -a Indian
indietro back
indimenticabile *adj.* unforgettable
indirizzo *m.* address
infelice *adj.* unhappy
ingegnere *m.* engineer
ingiusto, -a unjust
inglese *adj.* English
ingrediente *m.* ingredient
innamorarsi *inf.* to fall in love
insalata *f.* salad
insegnare *inf.* to teach
insetto *m.* insect
insieme together
insolito, -a unusual
interessante *adj.* interesting
interessare *inf.* to be interested in
interruttore *m.* light-switch
inutile *adj.* useless
invece instead
invitare *inf.* to invite
invitato(-a) guest
invito *m.* invitation
irlandese *adj.* Irish
irresponsabile *adj.* irresponsible
isola *f.* island
italiano, -a Italian

labbro *m.* lip
lamentarsi *inf.* to complain

lanciare *inf.* to throw
lasciare *inf.* to leave (behind)
latte *m.* milk
laurearsi *inf.* to graduate from college
lavagna *f.* blackboard
lavare *inf.* to wash
lavarsi *inf.* to wash yourself
lavorare *inf.* to work
leggere *inf.* to read
lento, -a slow
letteratura *f.* literature
letto *m.* bed
lettura *f.* reading
lezione *f.* lesson
libero, -a free, available
libreria *f.* bookstore
libro *m.* book
liceo *m.* high school
lingua straniera *f.* foreign language
litigio *m.* argument
locale *adj.* local
Londra London
lontano, -a far away
luglio *m.* July
luna *f.* moon
lunedì *m.* Monday
lungo, -a long

macchia *f.* spot
macchina *f.* car
madre mother
maestoso, -a majestic
maga *f.* sorceress
maggio *m.* May
maglia *f.* sweater
maglietta *f.* T-shirt
mai never
mal di . . . ache
mamma mom
mancare *inf.* to be lacking, to miss
mandare *inf.* to send
mangiare *inf.* to eat
mano *f.* hand
marciapiede *m.* sidewalk

mare *m.* sea
marito *m.* husband
martedì *m.* Tuesday
marzo *m.* March
maschera *f.* mask
matematica *f.* math
matita *f.* pencil
mattina *f.* morning
medaglia *f.* medal
meglio better
mela *f.* apple
mensa *f.* cafeteria
mentre while
meraviglia *f.* marvel
mercato *m.* market
mercoledì *m.* Wednesday
merenda *f.* snack
mese *m.* month
messicano, -a Mexican
metropolitana *f.* subway
mettere *inf.* to put, place
mettersi *inf.* to put on
  (clothing)
mezzanotte *f.* midnight
migliore *adj.* best
minuto *m.* minute
mite *adj.* mild
mitico, -a mythical
molto very, many
moneta *f.* coin
montagna *f.* mountain
monumento *m.* monument
morire *inf.* to die
mostrare *inf.* to show
motorino *m.* scooter
musica *f.* music

nascere *inf.* to be born
naso *m.* nose
nastro *m.* ribbon
naufragato, -a ship
  wrecked
nè . . . nè neither . . . nor,
  either . . . or
nebbia *f.* fog
negozio *m.* store
nessuno no one, nobody,
  anyone, anybody
neve *f.* snow
nevicare *inf.* to snow

niente nothing, anything
nocivo, -a harmful
noioso, -a boring
nonna grandmother
nonnulla *m.* nothing
  at all
notizia *f.* news
novembre *m.* November
numeroso, -a numerous
nuotare *inf.* to swim
nuovo, -a new
nuvoloso, -a cloudy

obbedire *inf.* to obey
occasione *f.* occasion
occhio *m.* eye
occorrere *inf.* to need
occupato, -a occupied,
  busy
oceano *m.* ocean
offrire *inf.* to offer
oggi today
ogni each, every
olio *m.* oil
oliva *f.* olive
operazione *f.* operation
ora *f.* hour
orario *m.* schedule
ordinare *inf.* to order
orecchio *m.* ear
orologio *m.* watch,
  clock
ospedale *m.* hospital
ospite *m.* guest
osso *m.* bone
ottimo, -a excellent
ottobre *m.* October

pacco *m.* package
pacifico, -a peaceful
padre father
paese *m.* town, country
pagare *inf.* to pay
pagina *f.* page
paio *m.* pair
pallavolo *f.* volleyball
panca *f.* bench
pane *m.* bread
panificio *m.* bakery
panino *m.* sandwich

panna *f.* cream
pantaloni *m. pl.* pants
papà dad
parcheggiare *inf.* to park
parcheggio *m.* parking lot
parco *m.* park
parecchi, -e *pl.* several
parente *m., f.* family
  relative
parete *f.* wall
parlare *inf.* to speak, to talk
parola *f.* word
parolaccia *f.* swear
partire *inf.* to leave, depart
partita *f.* game
passaggio *m.* ride
passeggiare *inf.* to stroll
passeggiata *f.* walk
pasticceria *f.* pastry shop
patatina *f.* French fry
patente di guida *f.* driver's
  license
pattinare *inf.* to skate
pattini a rotelle *m. pl.*
  roller skates
paura *f.* fear
pavimento *m.* floor
pazienza *f.* patience
peggio worst
penna *f.* pen
pennarello *m.* color
  marker
pensare *inf.* to think
peperone *m.* pepper
per for, in order to
per caso by chance
perchè why, because
perdere *inf.* to lose
personaggio *m.* character
pesca *f.* peach
pescare *inf.* to fish
pettinarsi *inf.* to comb
  one's hair
pianeta *m.* planet
piangere *inf.* to cry
piano *adj.* slow
pianoterra *m.* ground floor
piatto *m.* dish
piazza *f.* square
piccolo, -a small

piede *m.* foot
piegare *inf.* to bend
pieno, -a full
pioggia *f.* rain
piovere *inf.* to rain
piscina *f.* pool
pittore *m.* painter
più more
poco a little bit, few
polacco, -a Polish
poliziotto *m.* policeman
pollo *m.* chicken
pomeriggio *m.* afternoon
pomodoro *m.* tomato
porco *m.* pig
porta *f.* door
portafoglio *m.* wallet
portare *inf.* to bring, to
  carry
porzione *f.* portion
posata *f.* flatware
posteggio *m.* parking
  space
posto *m.* place
potere *inf.* to be able to, can
povero, -a poor
pranzare *inf.* to dine
pranzo *m.* dinner
praticare *inf.* to practice
precedenza *f.* the right of
  way
preferire *inf.* to prefer
preferito, -a preferred
premio *m.* prize
prendere *inf.* to take
prenotare to reserve
preoccuparsi *inf.* to worry
preparare *inf.* to prepare
preside *m., f.* school
  principal
presidente *m., f.* president
prestare *inf.* to loan
presto early, soon
prezzemolo *m.* parsley
prezzo *m.* price
prima before, first
prodotto *m.* product
professore *m.* teacher
profumato, -a fragrant
pronto, -a ready

prosciutto *m.* Italian ham
prova *f.* quiz
pulire *inf.* to clean
pulito, -a clean
punire *inf.* to punish

quaderno *m.* notebook
qualche some, a few
qualcosa something
qualcuno someone
quale which
qualsiasi *pl.* any
qualunque *sing.* any
quando when
quanti, -e *pl.* how many
quanto, -a *sing.* how much
quello, -a that
questo, -a this
qui here

racchetta *f.* racket
raccontare *inf.* to tell,
  narrate
radersi *inf.* to shave
raffreddore *m.* a cold
ragazza girl
ragione right, reason
recentemente lately,
  recently
regalare *inf.* to give
regalo *m.* gift
regola *f.* rule
regolamento *m.* rule
responsabile *adj.*
  responsible
restare *inf.* to stay, remain,
  have left over
restituire *inf.* to give back
resto *m.* remainder, change
retrovisivo, -a rear view
ricaricare *inf.* to recharge
riccio, -a curly
ricco, -a rich
ricerca *f.* research
ricevere *inf.* to receive
ricordare *inf.* to remember
ridere *inf.* to laugh
riga *f.* ruler
rigato, -a lined, stripped
rilassarsi *inf.* to relax

rimanere *inf.* to stay,
  remain
rinfresco *m.* refreshment
ringraziare *inf.* to thank
riparare *inf.* to repair
riposare *inf.* to rest, relax
rispondere *inf.* to answer
ristorante *m.* restaurant
ritardo *m.* delay, late
ritirare *inf.* to pick up
ritornare *inf.* to return
riuscire *inf.* to succeed
rivista *f.* magazine
robusto, -a sturdy
romanzo *m.* novel
rompere *inf.* to break
rosa *adj.* pink
rosa *f.* rose
rosso, -a red
rotondo, -a round
rotto, -a broken
rovinato, -a ruined

sabato *m.* Saturday
sabbia *f.* sand
sala da pranzo *f.* dining
  room
salire *inf.* to go up, climb
salotto *m.* living room
saltare *inf.* to jump
salutare *inf.* to greet
saluto *m.* greeting
sandalo *m.* sandal
sapere *inf.* to know (facts)
sbrigarsi *inf.* to hurry up
scaffale *m.* shelf
scale *f. pl.* stairs
scambiare *inf.* to exchange
scarpa *f.* shoe
scatola *f.* box
scegliere *inf.* to chose
scelta *f.* choice
scendere *inf.* to descend,
  go down
schermo *m.* screen
schiena *f.* back
sciare *inf.* to ski
scienze *f.* science
scioccato, -a shocked
sciocchezza *f.* foolishness

scolastico, -a school
scolpire *inf.* to carve, sculpt
scomodo, -a uncomfortable
sconosciuto *m.* stranger
scontrino *m.* receipt
sconveniente *adj.* inconvenient
scoprire *inf.* to discover
scorso, -a last, past
scotto, -a overcooked
scrivania *f.* desk
scrivere *inf.* to write
scuola *f.* school
scuro, -a dark
sdossato, -a pitted
sedere *inf.* to seat
sedia *f.* chair
segretaria *f.* secretary
segreto *m.* secret
seguente following
seguire *inf.* to follow
sembrare *inf.* to seem, appear
semplice *adj.* simple
sempre always
sentire *inf.* to hear
sentirsi *inf.* to feel
sera *f.* evening
sereno, -a calm
servire *inf.* to serve, to need
sete *f.* thirst
settembre *m.* September
settimana *f.* week
severo, -a strict
sfilata *f.* parade
sfortunato, -a unlucky
simile *adj.* similar
simpatico, -a nice
sinistra *f.* left
slavo, -a Slavic
sodo, -a solid, hard boiled
soffrire *inf.* to suffer
sognare *inf.* to dream
soldatini *m. pl.* soldiers
soldi *m.* money
sole *m.* sun
solito, -a usual
sopra above, on top of

sopracciglio *m.* brow
sorella sister
sostare *inf.* to stop
sotto under, below
sottosopra *adj.* upside down
spagnolo, -a Spanish
sparecchiare *inf.* to clear the table
specchio *m.* mirror
specialità *f.* specialty
spedire *inf.* to send, mail
spegnere *inf.* to turn off
spendere *inf.* to spend
sperare *inf.* to hope
spesa *f.* shopping
spesso often
spiaggia *f.* beach
spicchio *m.* section, sliver
spiegare *inf.* to explain
spinaci *m. pl.* spinach
spingere *inf.* to push
spogliarsi *inf.* to undress
sporco, -a dirty
sportello *m.* car door
sportivo, -a athletic
sposarsi *inf.* to get married
spumante *m.* Italian champagne
squadra *f.* team
squisito, -a delicious
stadio *m.* stadium
stagione *f.* season
stanco, -a tired
stanza *f.* room
stare *inf.* to be, to stay
stasera tonight
Stati Uniti United States
stazione *f.* station
stilista *m., f.* fashion designer
stirare *inf.* to iron
stivale *m.* boot
stomaco *m.* stomach
strada *f.* street, road
straniero, -a foreign
stregata, -a haunted
stringere *inf.* to tighten up
striscetta *f.* slice, sliver, strip

strumento *m.* instrument
studente *m.* student
studiare *inf.* to study
stupendo, -a marvelous
subito quickly
succedere *inf.* to happen
sudamericano, -a South American
suggerire *inf.* to suggest
sugo *m.* sauce
suolo *m.* ground
suonare *inf.* to play (an instrument)
supermercato *m.* supermarket
svantaggioso, -a disadvantageous
sveglia *f.* alarm clock
svegliarsi *inf.* to wake up
sviluppato, -a developed
svizzero, -a Swiss
svogliato, -a unmotivated

tagliato, -a cut
tardi late
tastiera *f.* keyboard
tavolo *m.* table
tazza *f.* cup
teatro *m.* theater
telefonino *m.* cellular telephone
telegiornale *m.* TV news
televisivo *adj.* television
tema *m.* composition
temere *inf.* to fear
temperamatite *m.* pencil-sharpener
tempesta *f.* storm
tempo *m.* time, weather
tenere *inf.* to keep
tenero, -a tender
testa *f.* head
tetto *m.* roof
tirare *inf.* to pull
tonno *m.* tuna
topo *m.* mouse
tornare *inf.* to return, come back
torta *f.* cake
torto *m.* wrong

tracciare *inf.* to trace
tranquillo, -a tranquil, peaceful
trattoria *f.* informal restaurant
trenino *m.* train set
treno *m.* train
triciclo *m.* tricycle
triste *adj.* sad
troppo too much, too many
trovare *inf.* to find
trovarsi *inf.* to find oneself
truccarsi *inf.* to put on make-up
turista *m., f.* tourist
tutti *pl.* everyone
tutto everything

ubbidire *inf.* to obey
uccello *m.* bird
ultimamente lately
ultimo, -a last
unghia *f.* nail
uomo man

uovo *m.* egg
urtare *inf.* to bump
usare *inf.* to use
uscire *inf.* to go out, to exit
utile *adj.* useful

vacanza *f.* vacation
valigia *f.* suitcase
vaniglia *f.* vanilla
vantaggioso, -a advantageous
vaporetto *m.* ferry boat
varietà *f.* variety
vecchio, -a old
vedere *inf.* to see
velocemente *adj.* quickly
vendere *inf.* to sell
venerdì *m.* Friday
venire *inf.* to come
vento *m.* wind
verdura *f.* vegetable
verità *f.* truth
vero, -a true
vestire *inf.* to dress, wear
vestito *m.* dress, suit

vestiti *m. pl.* clothes
vetro *m.* glass
vetrina *f.* store window
viaggiare *inf.* to travel
vicino, -a near
vicino(-a) neighbor
vigile *m.* traffic cop
vincere *inf.* to win
viola purple
virtù *f.* virtue
visita *f.* visit
visitare *inf.* to visit
vista *f.* view
vittima *f.* victim
voce *f.* voice
voglia *f.* desire, wish
volentieri gladly
volere *inf.* to want
volta *f.* time (sequence, i.e., once, twice)
voto *m.* grade

zaino *m.* backpack
zia aunt
zoccolo *m.* clog (shoe)
zuppa *f.* soup